Sporken

Menschlich sterben

Patmos-Paperback

Paul Sporken

Menschlich sterben

Patmos-Verlag Düsseldorf

Die Originalausgabe dieses Werkes erschien im Verlag Ambo n. v., Bilthoven, unter dem Titel „De laatste levensfase. Sterbenshulp en euthanasie“.
Aus dem Holländischen übersetzt von Hugo Zulauf

 2. Auflage 1973
Umschlaggestaltung Eschert & Bänder
Herstellung Schwann Düsseldorf
ISBN 3-491-00346-6

Inhaltsverzeichnis

1 Tod und Sterben: eine problematische Angelegenheit

„Meine Koffer sind gepackt, ich bin reisefertig.“ So sprach Papst Johannes XXIII., als es für ihn feststand, daß das Ende seines Lebens nahe war. In Anbetracht der entwaffnenden Schlichtheit und Aufrichtigkeit, die ihn in all seinem Tun und Lassen kennzeichneten, dürfen wir mit Sicherheit annehmen, daß Papst Johannes bereit war, zu sterben.

1.1 *Das Tabu des Todes*

Wenn wir uns umblicken und umhören, scheint diese Haltung dem Tod gegenüber aber keineswegs überall vorhanden zu sein. Im Gegenteil, mit Sicherheit können wir sagen, daß der westeuropäische Mensch Angst vor dem Tod zu haben scheint, daß er – um mit Scheler zu sprechen – sogar die Furcht vor dem Tod weggefürchtet hat. Es läßt sich in der Tat kaum leugnen, daß wir in einer den Tod verneinenden Kulturepoche leben (Borkenau 1965). Es gibt auch Anzeichen dafür, daß die Menschen mit dem Tod nicht vertraut sind und daß man den Tod so weit wie möglich von der Gesellschaft fernhält. Man denke zum Beispiel an den oft geäußerten Wunsch, Sterbende doch noch in das Krankenhaus aufzunehmen, weil man weder den Tod noch den Toten im Haus haben will. Die Einrichtung von „Sunset Villages“, wo Menschen ruhig, aber außerhalb der Gesellschaft sterben können, scheint mir aus derselben Mentalität hervorzugehen. Und es gibt die Geschichte von dem kleinen Jungen, der bei der Nachricht vom Tod seines Großvaters die Mutter fragte: Wer hat ihn denn totgeschossen? Wir legen es tatsächlich darauf an, daß die Lebenswirklichkeit, die der Tod doch letztlich ist, für die Kinder der Fernsehgeneration zu einem völlig lebensfremden Geschehen wird, ihnen nur noch bekannt ist aus Western, Krimis und Thrillern.

Trotzdem gibt es auch Anzeichen für entgegengesetzte Tendenzen in unserer Kultur, die sich ja von mancherlei Tabus befreien zu wollen scheint. Wir versuchen, abzurechnen mit dem sexuellen Tabu, mit dem Tabu um Schwangerschaft, um hierarchische und autokratische

Herrschaft usw. So scheint man auch gewillt und bereit zu sein, das Tabu des Todes zu durchbrechen. Ich denke zum Beispiel an die Behandlung des Todes in Romanen, an verschiedene Tagungen und Kongresse mit dem Thema „Tod und Sterben", an die Fernsehsendung über das St. Johns Hospital in London. Auch in Illustrierten und Zeitungen wird das Thema wiederholt zur Debatte gestellt.
Diese Entwicklung findet natürlich nicht ihre volle Erklärung in der oben genannten Neigung in unserer Kultur, mit den verschiedenen Tabus abzurechnen. Viele Faktoren spielen hier eine Rolle. Einen davon möchte ich noch ausdrücklich nennen: Die Entwicklung der medizinischen und medizinisch-technischen Möglichkeiten hat zur Folge, daß manches Leben, das verloren zu sein schien, gerettet wird. Einmal in der unbekannten großen medizinischen Macht geborgen, kann der Mensch das Gefühl gewinnen, daß die Ärzte den Tod zu einem großen Teil besiegt haben. Das stimmt tatsächlich in hohem Maße, denn in immer mehr Fällen und in zunehmendem Ausmaß können die Ärzte Menschen bisweilen buchstäblich dem Tod entreißen. Eine nachteilige, jedoch nicht immer zu vermeidende Folge dieser Tatsache ist aber, daß ein Leben manchmal in solcher Weise verlängert und der Tod so lange hinausgeschoben wird, daß sich der Sinn dieser Maßnahmen ernsthaft bezweifeln läßt. Denn in einer Reihe von Fällen bedeutet das, daß nicht so sehr das Leben, sondern nur das Sterben verlängert wird. Dadurch sind Tod und Sterben von neuem zum Problem geworden und fordern, daß wir uns ernsthaft mit ihnen beschäftigen.

1.2 *Das Tabu des Sterbens*

In diesem Zusammenhang scheint es mir äußerst wichtig, zwischen Tod und Sterben zu unterscheiden. Ich meine folgendes: Das Durchbrechen des Todestabus ist schon sehr wichtig, aber es ist kein Endpunkt. Es macht nur den Weg frei für das Durchbrechen eines anderen Tabus, das sehr eng damit zusammenhängt; das Tabu des Sterbens. Mit dem Tabu des Todes aufzuräumen, bleibt meines Erachtens immer eine mehr oder weniger unverbindliche Angelegenheit, wenn es nicht zu einer tatsächlichen Überwindung des Sterbenstabus führt. Wir haben zwar den Mut, über den Tod im allgemeinen und sogar über den Tod von Angehörigen und Freunden zu sprechen. Aber wenn wir entweder berufsmäßig oder durch zufällige Umstände mit Sterbenden umgehen müssen, dann lassen wir nicht selten den Ster-

benden im Stich, wenn mit diesem Sterbenden über sein Sterben gesprochen werden muß.
Es läßt sich kaum leugnen, daß neben dem Tabu des Todes auch das Tabu des Sterbens Gewalt leidet. Vom medizinischen, psychologischen und pastoralen Standpunkt aus wird ein Appell an unsere diesbezügliche Verantwortung gerichtet. Ich denke dabei an Publikationen von Ansohn, Autton, Berger, Bowers, Michels, Leshan, Sporken und Strauss. Die „Nederlandse Maatschapij ter Bevordering van de Geneeskunst" widmete am 18. April 1970 ihre Jahresversammlung dem Thema Sterbenshilfe. Medizinstudenten wünschen sich Sterbenshilfe als Thema für Arbeitsgruppen. Krankenhäuser veranstalten für das ganze Personal Abende mit Einführung und Diskussion darüber.
Auf populäre Weise wird das Problem in der Presse behandelt. Das Fernsehen widmete diesem Thema einige Programmstunden; die bekanntesten sind wohl die Serie von Hofstee (1970) und vor allem die sehr ansprechende Rundfunkübertragung eines Gesprächs von Dr. van der Meer mit einem Todeskandidaten (25. Januar 1971). Das sind Tatsachen, die einen vorsichtigen Optimismus rechtfertigen, falls diese Entwicklung weiter fortschreiten sollte. Eine erste Bewußtwerdung der Problematik ist zweifellos vorhanden, aber es wird noch viel geschehen müssen, bevor wir dies alles in der Praxis auch realisieren. *Wie dem auch sei, persönlich bin ich der Überzeugung: Solange wir uns noch nicht ernsthaft und allgemein um Sterbensbeistand bemühen, ist das Tabu des Todes, aber vor allem das des Sterbens in unserer Gesellschaft noch nicht überwunden.*

1.3 *Ethische Fragen hinsichtlich des Lebensendes*

Heute stehen den Ärzten sehr viele Möglichkeiten zur Verfügung, das Leben des Menschen zu verlängern und den Tod zu bekämpfen: von der Verschreibung von Antibiotika bis zu Organtransplantationen. Wie wir schon an anderer Stelle dargelegt haben (siehe: Darf die Medizin, was sie kann, S. 186ff.), besitzen wir augenblicklich so viele Möglichkeiten, das *Leben* des Menschen zu verlängern, daß wir Gefahr laufen, uns gegen das *menschliche* Leben zu versündigen. Jede Möglichkeit ruft wieder ihre besonderen medizinischen, aber vor allem auch ethischen Fragen hervor: Darf man eine ernsthafte Lungenentzündung auch mit Antibiotika bekämpfen bei einem Patienten, der schon aufgrund eines anderen Leidens nahe vor dem Tod steht? Muß man alle Wiederbelebungstechniken weiter anwenden, auch wenn zu erwarten ist, daß das Endergebnis ein Leben auf sehr niedrigem menschlichen Niveau sein wird? Welcher Nierenpatient kann für die Verpflanzung einer Niere in Betracht kommen, und wann darf man mit Sicherheit annehmen, daß derjenige, dem die Niere entnommen wird, tot ist, daß aber seine Organe noch lebendig sind? Es ist sehr erfreulich, daß sich Fachleute verschiedener Wissenschaftsgebiete (der Medizin, der Psychologie, der Jurisprudenz und der Ethik) sehr intensiv mit diesen Problemen beschäftigen. Irgendwie kommt dabei immer eine Reihe sehr konkreter Fragestellungen zur Sprache, vor allem medizinisch-ethische Fragen über das, was man nun *für* einen oder *an* einem Sterbenden tun darf. Das ist zweifellos sehr wertvoll, und wir müssen das auch weiter tun. Im vergangenen Jahr bin ich aber immer mehr zu der Überzeugung gekommen, daß wir uns durch diese konkreten ethischen Fragen zu sehr in unserem Interesse binden lassen und dadurch die eigentliche ethische Frage aus dem Auge verlieren. Ich meine Folgendes: Wir können mit den ethischen Aspekten der verschiedenen einzelnen Fragen im Zusammenhang mit dem Sterben so sehr beschäftigt sein, daß wir zu fragen vergessen, was wir für diesen Sterbenden als Menschen tun können, eben auf seinem Weg zum Tod. Gesund- und Kranksein, Leben und Sterben, sind ein menschliches Geschehen. Deshalb ist das meines Erachtens die grundlegende ethische Frage, um die es letztlich geht: Was kann, darf und muß ich für diesen Mitmenschen in seinem Sterbensprozeß tun? Alle anderen ethischen Fragen haben nur Bezug auf Teilaspekte der Frage nach der Sterbenshilfe und müssen deshalb im Licht dieser grundlegenden Frage beantwortet werden.

Ich möchte das mit einigen Beispielen verdeutlichen. Wenn ein Arzt oder Ethiker ein Interview über diese Probleme gibt, dann geschieht es oft, daß der Interviewer immer wieder auf die Frage zurückkommt: Wann darf bei Wiederbelebungsversuchen „der Knopf abgeschaltet werden"? Das ist zwar eine reale Frage, aber sie kann nicht isoliert beantwortet werden. Viel mehr noch gilt das für die sehr schwierige ethische Frage nach aktiver Euthanasie. Diese Frage kann meines Erachtens nicht beantwortet werden, wenn man sie außerhalb des Zusammenhangs mit den anderen Fragen nach dem Eingriff in den Sterbensprozeß stellt. Ich möchte es noch deutlicher formulieren: Nach meiner Überzeugung wird die Frage nach Euthanasie und dadurch auch die Antwort verzerrt, wenn man die Frage nicht im Rahmen der Sterbenshilfe stellt, die einem Mitmenschen geboten werden muß. Ich hoffe, das im weiteren Verlauf noch weiter auszuführen.

Jetzt möchte ich mich darauf beschränken zu sagen: Wir dürfen nicht von allen möglichen und unmöglichen medizinisch-ethischen und medizinisch-juristischen Fragen so beansprucht sein, daß wir dadurch – trotz all unserer guten Absichten – faktisch die tieferen und eigentlichen ethischen Fragen hinsichtlich der Sterbenshilfe übersehen und vor ihnen kapitulieren.

1.4 *Zu behandelnde Probleme*

Der Ausgangspunkt für das Denken über Sterbensbeistand liegt in der Überzeugung, daß Gesund- oder Kranksein letztlich ein menschliches Geschehen ist, in dem körperliche, geistige, soziale und religiöse Aspekte ineinander verwoben sind. Dieses Menschliche bestimmt daher die Grundnorm für alle Hilfeleistung, in der neben den medizinischen auch die pflegerischen, psychologischen, sozialen und pastoralen Dienste sinnvolle Aufgaben erfüllen können.
Ferner wird näher untersucht, was Recht auf Leben und auf Lebenshilfe bedeutet und welches die Tragweite der vielgenannten Form der Ehrfurcht vor dem Leben ist. Bei diesem letzteren werde ich meine besondere Aufmerksamkeit einem meines Erachtens zu sehr vernachlässigten, aber äußerst wichtigen Aspekt der ethischen Grundhaltung gegenüber dem anderen widmen, nämlich der Geduld, den anderen sich selbst sein zu lassen. Daran anknüpfend werden Ausdrücke wie „das Recht, zu sterben", „das Recht, seinen eigenen Tod zu sterben", „das Recht auf Sterbenshilfe" besprochen, wobei von neuem die Bedeutung der Geduld sichtbar wird.
Dies alles ist notwendig, um das Hauptthema besser behandeln zu können: Sterbenshilfe – und die ideale Form derselben: Sterbensbeistand – als fundamentale ethische Pflicht gegenüber dem zum Sterben verurteilten Mitmenschen.
Schließlich wird aufgezeigt werden, wie sehr die Realisierung dieser ethischen Aufgabe durch eine dreifache Form von Ohnmacht erschwert wird: durch die Ohnmacht zur Wahrheitsmitteilung und zu den damit zusammenhängenden Gesprächen, die Ohnmacht, Sterben und Tod einen positiven Sinn zu geben, und die Ohnmacht, die aus der Bitte oder dem Wunsch nach aktiver Euthanasie spricht. Diese letztere Frage möchte ich im Licht der ethischen Pflicht zur Lebens- und Sterbenshilfe behandeln, aber vor allem im Licht der Geduld, die für unsere ethische Grundhaltung gegenüber dem anderen kennzeichnend sein muß.

2 Gesund- oder Kranksein als menschliches Geschehen

Die Mündigkeit des Patienten ist eine der Fragen, die bei der Behandlung aktueller Probleme regelmäßig wiederkehren. Die Bitte nach mehr Information und Mitspracherecht und die Bitte, als erwachsener Mensch behandelt zu werden, weisen auf ein ziemlich allgemeines Unbehagen an dem faktischen Verlauf der Dinge, wenn jemand ärztliche Hilfe braucht. Dieses Unbehagen entspringt dem Gefühl vieler, daß Ärzte – bei allen guten Absichten – unnötig viele Informationen zurückhalten, sich mit ihren Patienten zu wenig wirklich beraten und deshalb diesen die Möglichkeit nehmen, ein Mitspracherecht zu haben und eine Mitverantwortung hinsichtlich ihrer Gesundheitssorge zu tragen. Schlimmer noch, viele haben den Eindruck, daß Ärzte bei der Beschäftigung mit ihren Patienten allgemein zu wenig Interesse für den Menschen haben. Die Entpersonalisierung des Verhältnisses zwischen Arzt und Patient ist am größten in den Krankenhäusern, die Reparaturwerkstätten zu werden drohen.
Natürlich wird auch von seiten der Ärzte vieles getan, um darin einen Wandel zu schaffen, vor allem dadurch, daß man das Verhältnis zwischen Arzt und Patient ausdrücklicher als eine zwischenmenschliche Beziehung ansieht. Man will diese charakterisieren durch Begriffe wie: Partnerschaft, Kameradschaft, menschliche Begegnung, gemeinsamen Einsatz, Zusammenarbeit. Diese Begriffsumschreibung ist sehr wichtig, aber mit einer neuen Definition des Verhältnisses zwischen Arzt und Patient und dem Aufstellen neuer Verhaltensregeln können wir die Kommunikations- und Beziehungsstörungen auf diesem Gebiet doch nicht lösen. Neben Besinnung und Überlegung bleibt es notwendig, vor allem an der Haltung zu arbeiten, aus der heraus Arzt und Patient einander begegnen, und an den sozialpsychologischen Strukturen, die das Erwartungsschema und Verhalten beider sehr stark beeinflussen (Sporken 1971).
Wir können uns auf dieses Thema hier nicht weiter einlassen. Jedenfalls liegt es klar auf der Hand, daß jede Hilfeleistung im Hinblick auf

die Gesundheit durch das normiert wird, was Gesund- oder Kranksein letztlich ist. Mit dieser Frage möchte ich mich im folgenden kurz beschäftigen.

2.1 *Gesund- oder Kranksein als medizinisches Geschehen*

Krankheit, Arzneien und Arzt sind von alters her Begriffe und Faktizitäten, die untrennbar miteinander verbunden sind. Kranksein bedeutete sehr oft, daß der Mensch unbekannten und deshalb für das Empfinden vieler höheren Mächten zum Opfer gefallen war. Je nachdem, ob der Akzent auf dem Unbekannten oder auf dem Höheren lag, wandte man sich an den Arzt oder an den Priester; nicht selten aber an eine Kombination von beiden, die wir auch heute noch in primitiven Kulturen antreffen, nämlich den Medizinmann-Priester.

In unserer westlichen Kultur hat in diesem Punkt eine Entwicklung stattgefunden, die man in gewissem Sinn als Säkularisierung bezeichnen könnte. Einen wesentlichen Grundzug der genannten Entwicklung kann man nämlich als eine Entwicklung vom Kranksein als religiösem Geschehen zum Kranksein als medizinischem Geschehen bezeichnen.

Besser als mit theoretischen Überlegungen läßt sich das vielleicht durch folgendes Beispiel illustrieren: Jakobus schreibt in seinem Brief, daß man bei Krankheit eines der Gemeindemitglieder den Priester rufen muß, damit dieser den Kranken mit geweihtem, heiligem Öl salbe und dabei den Herrn um Genesung bitte. Heutzutage wird niemand daran denken, bei Krankheiten, bei Kopfschmerzen, Bauchweh oder Verstauchungen allein den Pfarrer zu rufen. Es ist selbstverständlich, daß man in solchen Situationen seine Zuflucht zum Arzt nimmt. Der Arzt ist die geeignete und sogar allein dafür in Frage kommende Person geworden, das Kranksein zu bekämpfen, zu verhindern oder zumindest erträglich zu machen.

Trotzdem hat es den Anschein, als ob diese „Verweltlichung" der Sorge um Gesundheit in der zweiten Hälfte des vorigen und in der ersten Hälfte unseres Jahrhunderts wieder rückgängig gemacht worden sei. Das gilt besonders für die „Spitäler" und die späteren konfessionellen Krankenhäuser. Daß der religiöse Aspekt wieder stärker in den Vordergrund rückte, kann man in der personalen Struktur dieser Häuser sehen. Die Kapelle bildete sowohl architektonisch als auch psychologisch den Mittelpunkt des Krankenhauses. Deshalb war der Rektor, in dessen Person Gott selbst vergegen-

wärtigt wurde, eine sehr zentrale Figur. Nach ihm kam die Mutter Oberin und danach die – praktisch ausschließlich einem Orden angehörige – Krankenschwester. Diese vertikale Linie endete beim Bett des Patienten. An der anderen Seite dieses Bettes stand der Arzt und sporadisch auch eine weltliche Krankenschwester. Der Arzt wurde zwar nicht immer als Gegenspieler oder Konkurrent des Herrn angesehen, aber doch auch wieder nicht als dessen Handlanger. Eine sehr klare Stellung hatte er im Grunde nicht. In einer milden Form kann man dieses Fehlen einer echten Stellung bemerken in einer Anzeige des alten römisch-katholischen St. Antoniusstiftes von Rotterdam aus dem Jahre 1920, in der folgendes zu lesen war: „In dieser Einrichtung, günstig gelegen, mit großem Garten und Kaplan im Haus, ist Gelegenheit zur Pflege von Herren und Damen." Für die Wahl eines Pflegehauses wurde offensichtlich die Gegenwart eines Hauskaplans für ein wichtigeres Motiv gehalten als das Vorhandensein eines tüchtigen Arztes.
In den letzten Jahrzehnten sehen wir aber, daß sich der Säkularisierungsprozeß auf diesem Gebiet unvermindert fortsetzt, und zwar von der Seelsorge als Werk christlicher Barmherzigkeit zur Krankenpflege als sozialer Einrichtung und sozialem Anrecht. Es fanden Verschiebungen statt, wobei unter anderem Stellung und Bedeutung des Arztes stark zunahmen. Gesund- und Kranksein scheinen eine rein ärztliche Angelegenheit geworden zu sein. Aber damit ist nicht alles gesagt. Es ist tatsächlich ein medizinisches Geschehen in dem Sinn, daß der Arzt dabei eng beteiligt ist und bei der zu leistenden Hilfe einen bedeutenden Anteil übernimmt. *Es bleibt letztlich aber ein menschliches Geschehen, das heißt ein Geschehen, bei dem der Mensch selbst, und zwar in seiner Ganzheit, im Spiel ist.*

2.2 *Gesund- oder Kranksein als menschliches Geschehen*

Es läßt sich nicht leugnen, daß die *körperlichen Aspekte* von Krankheit und Gesundheit in der normalen ärztlichen Praxis im Vordergrund stehen. Das ist zu einem großen Teil der Tatsache zuzuschreiben, daß man meist erst beim Auftreten körperlicher Symptome oder Beschwerden seine Zuflucht zum Arzt nimmt. Wenn sich andere Probleme ergeben, ist man eher geneigt, anderswo Hilfe zu suchen, außer in jenen Fällen, in denen sich die Problematik auf körperlicher Ebene auswirkt. Von seiten der Ärzte spielt dabei die Tatsache eine Rolle, daß ihre ärztliche Wissenschaft zum größten Teil aus den

Naturwissenschaften entstanden und noch von diesen abhängig ist. Diese richten sich nicht auf den Menschen und das typisch Menschliche, sondern auf das Objektivierbare. Das Körperliche, das besser objektivierbar ist, trat dabei so stark in den Vordergrund, daß der kranke *Mensch* zu sehr in den Hintergrund geriet (Metz 1969).
Obwohl diese objektivierenden Tendenzen in der medizinischen Wissenschaft noch lange weiterwirkten, erfolgte von der medizinischen Praxis her doch eine Korrektur. Dort wuchs die Überzeugung, daß Gesundheit und Krankheit mehr sind als die Frage, ob körperlich nichts oder etwas fehlt, sondern eine Sache des Menschen als ganzem. Je nachdem, ob Krankheit oder Verletzung ernsthafter Art sind, werden sie auch tiefer in das menschliche Dasein selbst eingreifen: Der Kranke kann nicht mehr arbeiten, wird von anderen abhängig, aus seiner vertrauten Umgebung weggeholt usw. Das Körperliche hat großen Einfluß auf *die emotionalen und geistigen Aspekte des Menschen,* aber das Gegenteil ist genauso richtig: Emotionale und psychische Spannungen und Probleme äußern sich oft in körperlichen Beschwerden. Man denke zum Beispiel an bestimmte Magenschmerzen, an manche Formen von Hautausschlag und Haarausfall. Das ärztliche Handeln wäre sehr ineffizient, wenn es sich ausschließlich auf das Körperliche richtete und die andern Aspekte des Menschen vernachlässigte.
Wir haben es nie mit einem rein individuell existierenden Menschen zu tun, sondern immer mit einem sehr bestimmten Menschen in der ganz eigenen *sozialen Situation seiner Existenz*. Diese letztere ist in bezug auf Gesundheit und Krankheit so wichtig, daß man sogar sagen kann: Wir teilen unsere Gesundheit mit anderen (Ackerman 1960). Der soziale Kontext, in dem ein Mensch lebt, kann bestimmte Krankheiten zur Folge haben oder verschlimmern, kann aber auch heilend wirken. Vor allem die Familie als primäre soziale Umgebung spielt eine wichtige Rolle, nicht nur bei chronisch Kranken (Michels 1968), sondern in dem ganzen Prozeß des Krank- und Gesundwerdens (Huygen 1968). Selbstverständlich reicht der soziale Kontext über die bloße Familie hinaus: Gesellschaft und gesellschaftliche Strukturen können gesund- und krankmachend wirken (Weijel 1970). Oft tritt nach der Genesung noch einmal eigens das Problem auf, wie man dem Patienten helfen muß, seine Funktion in der Gesellschaft als Gesunder wieder wahrzunehmen. Eine gänzliche Genesung schließt Genesung in der sozialen Dimension des Menschseins ein.

Der soziale Aspekt muß deshalb mit normierend für die Hilfeleistung in Sachen Gesundheit sein.

Die drei genannten Aspekte werden überwölbt von dem Grundgedanken aus der Anthropologie: *Menschsein heißt immer Mensch im Werden sein.* Das impliziert für unsere Thematik: Einem Menschen im Hinblick auf seine Gesundheit Hilfe bieten heißt immer diesem Menschen in einem bestimmten Augenblick seines Lebenswegs Hilfe bieten. Das ganze Leben ist ein dynamischer Prozeß der Menschwerdung, der ein Auf und Ab kennt. Der Mensch ist irgendwie auf dem Wege „irgendwohin", das heißt, er ist mir dem beschäftigt, was er (bewußt oder unbewußt) als seine Lebensaufgabe oder sein Lebensziel betrachtet. Je ernsthafter jemand krank ist, um so tiefer und persönlicher wird der Arzt in seinen Lebensweg eintreten. Eine richtige Hilfeleistung kann sich daher nicht mit dem begnügen, was in diesem Augenblick notwendig ist. Man muß auch die Folgen berücksichtigen, die die Behandlung für den ganzen weiteren Lebensweg des Patienten haben wird.

Zusammenfassend kann man sagen: Gesund- oder Kranksein ist ein vollmenschliches Geschehen; es weist auf die Verfassung des Menschen hinsichtlich des dynamischen Prozesses seiner Selbstverwirklichung als Mensch hin. Deshalb liegt es auch so klar auf der Hand, daß bei ernsthaftem oder langwierigem Kranksein unwiderruflich Fragen nach dieser Selbstverwirklichung als Mensch auftauchen, also Fragen, die die fundamentalsten Aspekte unserer Existenz berühren und sich auf den Sinn von Leben und Tod richten. *Die Grundnorm für das Handeln von Ärzten und anderen im Hinblick auf die Gesundheit des einzelnen Patienten wird daher durch den Menschen in seiner Totalität bestimmt und umfaßt das komplexe Ganze körperlicher, emotionaler, psychischer und sozialer Aspekte, die der menschlichen Existenzsituation wesentlich eigen sind.*

2.3 *Ist Gesund- oder Kranksein doch ein religiöses Geschehen?*

Oben wurde schon gesagt, daß Gesund- oder Kranksein nicht mehr als ein religiöses Geschehen angesehen wird und daß die Hilfeleistung in bezug auf die Gesundheit säkularisiert, das heißt eine rein menschliche und weltliche Angelegenheit geworden ist. Doch kann man sich fragen, ob man das so ohne weiteres behaupten darf.

Fortmann (1964) hat darauf aufmerksam gemacht, daß im Altertum die Begriffe Religion und/oder Glaube und Gesundheit noch nicht voneinander getrennt waren. Gesundheit bedeutete zwar Gesundheit, aber zugleich religiöse Gesundheit und bezog sich auf den ganzen Menschen. Für unser Empfinden ist Gesundheit etwas ganz anderes als Gläubigsein und Krankheit etwas ganz anderes als Sünde. Die Bibel vertauscht diese beiden Gebiete aber unbesorgt miteinander und spricht wiederholt von Krankheit, wenn sie menschliche Sündigkeit meint. Paulus sah einen unmittelbaren Zusammenhang zwischen dem Mißbrauch der Eucharistie und Krankheit, Schwäche und Tod. Fortmann hat zwar an anderer Stelle (1955) darauf hingewiesen, daß die religiöse Diemension des Menschen eine ganz eigene Dimension mit einem „jenseitigen" Charakter bleibt, doch hängen die Gebiete eng zusammen. Sie scheinen jedenfalls inniger miteinander verbunden zu sein, als wir augenblicklich zu denken geneigt sind. Die gleiche Verbundenheit zwischen dem Religiösen und der Gesundheit finden wir in vielen primitiven Kulturen, in denen dann auch die Pflege des Religiösen und der Gesundheit ein und demselben Mann, dem Medizinmann-Priester, anvertraut ist. Das eine oder andere kann auch dazu führen, daß wir einen zu starken Zusammenhang zwischen beiden Gebieten ohne weiteres als primitives Denken abwerten. Es kann uns aber auch dazu ansporne, von neuem zu untersuchen, ob die Trennung wirklich so groß ist, wie wir jetzt meinen.

Ein Grund mehr, einen Augenblick bei dieser Frage stehenzubleiben, liegt in der Tatsache, daß vor allem in den christlichen Ärztekreisen der Religion eine sehr wichtige Bedeutung zuerkannt wurde und wird. Eine bessere Sicht auf das Verhältnis zwischen Religion und Medizin und deshalb auch auf das Verhältnis zwischen Priester und Arzt ist übrigens sehr dienlich, um die Aufgabe beider bei der Sterbenshilfe besser umschreiben zu können.

2.31 *Religion und Medizin*

„Soteria", das Organ der Protestantischen Ärztevereinigung in Holland, hat folgende Devise: „Die Grundlage der Organisation ist: Gottes Offenbarung in Christus, wie diese in der Bibel zu uns kommt. Die Organisation setzt sich zum Ziel, das medizinische Denken und Handeln in all seinen Gliederungen an den Normen zu messen, die in dieser Grundlage verankert sind." Das Verhältnis zwischen Religon und Medizin kommt denn auch in „Soteria" und den damit verwandten protestantischen Zeitschriften „Geloof en Wetenschap" und „Predikant en Dokter" regelmäßig zur Sprache.

Die Untersuchung dieses Themas in der fünfzigjährigen Geschichte des Katholischen Ärzteblattes (heute heißt es „Metamedica“) liefert sehr viel Material zu unserem Thema. In der ersten Zeit finden wir viele Artikel über Arzt und Religion, Medizin und Religion und über die Aufgabe des katholischen Arztes. Zwischendurch eine Reihe von Artikeln über Therese Neumann und über Lourdes. Bemerkenswert für diese Epoche sind ein Dutzend Beiträge über Religion, fromme Bräuche, Aberglaube und Quacksalberei mit einem religiösen Anstrich. Aberglaube und Quacksalberei werden streng abgelehnt, fromme Gebräuche dürfen bestehen, falls sie nicht entarten. Letzteres kommt anscheinend doch vor, wie zum Beispiel eine heftige Kritik von Dr. van Romunde (1923) an dem Gebrauch von „Petruswasser“ beweist. Der Gynäkologe Ausems (1924) findet „das Getue um Frater Andreas von Tilburg, der zur Zeit überall – sogar in unserem Fach – nachhelfen muß“, geradezu lächerlich. Er hat heftige Bedenken gegen die fromme Bemühung eines Paters um eine seiner Patientinnen, eine Wöchnerin, die nicht genügend Nahrung für ihr Baby hatte. Sie hatte von dem Pater einen Briefumschlag mit „Sand aus der Milchgrotte“ empfangen, das heißt Sand von dem Boden der Grotte, in der die Mutter Gottes auf ihrer Flucht nach Ägypten ausgeruht und ihr Kind gestillt haben soll. Wenn die junge Mutter diesen Sand in ihr Essen mischte und einnähme, dann würde sie dadurch genügend Nahrung für ihr Kind bekommen!
Das Verhältnis zwischen Arzt und Religion wird regelmäßig wieder unter die Lupe genommen. Bloemen (1927) formuliert es wie folgt: „Der katholische Arzt muß dem Arzt Christus nachfolgen. Für uns katholische Ärzte ist die Nachfolge des Arztes Christus so leicht, da wir ihn von unserer frühen Jugend an kennen. Er ist der feinfühlendste der Feinfühlenden, genauso feinfühlend, wie van Ginneken sagt, für naive Kinderaugen wie für die zartesten seelischen Empfindungen der Magdalena. Ein herrliches Beispiel hoher Kultur!“
Veeger beschreibt die Aufgabe des katholischen Arztes folgendermaßen: „Der katholische Arzt wird in seinem Patienten ein Geschöpf Gottes sehen, die seelischen Belange des Patienten und dessen Umgebung berücksichtigen und Sorge dafür tragen müssen, daß die christliche Moral gefördert wird.“
Später versucht man, die christlichen Grundlagen des ärztlichen Amtes theologisch zu vertiefen. Nach Ansicht von Sanders (1948) „geht es dabei vor allem um die Theologie der Sünde, das Leiden,

den Menschen, die Erlösung und die Auferstehung" und um „eine Tugendskala, aufgestellt nach dem Vorbild Christi des Arztes und der Heiligen". Trooster (1952) dagegen sieht es eher so: Der christliche Arzt muß durch die Pflege der natürlichen Gesundheit zugleich die übernatürliche Gesundheit seines Patienten bewerkstelligen. Dadurch „wird er seine Sorge für das Profane, das ausschließlich und unmittelbar nur das Gebiet seiner Medizin betrifft, als implizite, indirekte Seelsorge ausüben".

In neuester Zeit formulierte Willems (1969) seine Gedanken über das ärztliche Handeln als Werk der Erlösung in einer mehr „weltlichen" Sprache: Das ärztliche Handeln des christlichen Arztes hat durchaus mit Erlösung zu tun. Die Erlösung ist nämlich keine rein über- oder außerweltliche Wirklichkeit: Heil und Erlösung sind inkarniert. „Der Zusammenhang zwischen dem professionellen ärztlichen Handeln und der Religiosität des christlichen Arztes ist nicht in anderen Formen zu suchen, als nichtchristliche Ärzte sie haben, sondern im Bereich der Motivation und der Inspiration."

Ich weiß nicht, inwieweit Betrachtungen dieser Art einen wirklichen Einfluß auf das Handeln christlicher Ärzte ausgeübt haben. Deutlich wahrnehmbar dagegen ist der Einfluß kirchlicher Verlautbarungen über medizinisch-ethische Fragen, vor allem von seiten Pius' XII. Diese päpstlichen Aussagen übten bis in die sechziger Jahre einen entscheidenden Einfluß auf die medizinisch-ethischen Auffassungen der katholischen, aber auch vieler nichtkatholischer Ärzte aus.

Um dieses Thema abzurunden: In der Praxis wird man bei der Konfrontation mit dem Patienten zugleich mit dessen Religion oder Lebensanschauung konfrontiert werden. Vor allem bei schwerkranken Menschen wird dies zutage treten und von Einfluß sein, sowohl auf das Verhältnis zum Patienten als auch auf die zu fällenden Entscheidungen.

2.32 *Arzt und Pastor*

Die Auffassung, die man über das Verhältnis zwischen Religion und Medizin hat, ist bestimmend für die Auffassung über das Verhältnis zwischen Arzt und Pastor. Wir verwenden hier mit Absicht das Wort Pástor und nicht Pfarrer, Seelsorger, Priester, Beichtvater, weil wir nicht exklusiv den Amtsträger meinen, sondern jeden, der im konkreten Fall einen pastoralen Auftrag hat oder erfüllen sollte.

In protestantischen Kreisen stand dieses Thema wiederholt zur Debatte, sowohl in „Predikant en Dokter“ als auch in „Soteria“. Die Frage wurde in ganz grundsätzlicher Weise aufgrund der spezifischen Aufgabe des Missionsarztes gestellt. Der Gedankenaustausch darüber führte zu der sehr prinzipiellen Frage: Muß der Missionsarzt zugleich Evangelienverkündiger sein? Muß die ärztliche Hilfe im Grunde nicht grundsätzlich säkularisiert werden? (Lindeboom 1970)

In katholischen Ärztekreisen wird die Frage mehr unter dem Aspekt der Zusammenarbeit zwischen beiden behandelt. Bemerkenswert dabei ist, daß es bis in unsere Zeit hinein hauptsächlich um die Zusammenarbeit zwischen Arzt und Beichtvater in Verbindung mit Psychotherapie ging. Das führte in den Jahren zwischen 1950 und 1957 zu ernsthaften Diskussionen über die Willensfreiheit, die Zurechnungsfähigkeit, über Sünde und Schuld bei Menschen, die einer psychotherapeutischen Behandlung bedurften. Das fand seinen Niederschlag in der bekannten Erklärung des Heiligen Offiziums im November 1956. Diese verursachte zunächst einen Schock, vor allem aufgrund der zugleich erfolgten Verurteilung einiger katholischer holländischer Psychotherapeuten, die nach römischen Auffassungen zu progressiv waren.

Erst in den jüngeren Jahrgängen des Katholischen Ärzteblattes kommt die Thematik Arzt–Pastor auf eine ganz neue Weise wieder zur Sprache, schon deutlich durch den Begriff „Pastor“ anstelle von „Seelsorger“ und vor allem „Beichtvater“. Zugleich unter dem Einfluß des Denkens über die pastorale Tätigkeit im allgemeinen stellen in chronologischer Reihenfolge Sporken (1968) und Bluyssen (1969) die grundlegende Frage: Erfordert das Wohl des Patienten in seiner Ganzheit gesehen nicht, daß der Pastor bei diesem Patienten eine Aufgabe hat *neben* (und nicht *nach*) Arzt und Krankenpfleger bzw. -schwester? Berger (1969) behandelt die Schwierigkeiten bei der praktischen Verwirklichung der gewünschten Zusammenarbeit; diese entspringen nicht so sehr den verschiedenen Gesichtspunkten, von denen aus beide an den Patienten herantreten, sondern rühren vor allem aus der Tatsache, daß sie eine unterschiedliche Sprache sprechen und dadurch einander und die beiderseitige Arbeit oft nicht verstehen.

Die katholische Vereinigung für geistige Volksgesundheit behandelte auf ihren jährlichen Studientagungen das Verhältnis von Glaube und

Gesundheit mehrmals anhand von Einführungen von Bender (1933), Snoeck (1952), Fortmann (1955, 1964) und in jüngster Zeit von Van der Hoeven, Wertenbroek und Sporken (1971). Wenn man die Geschichte überblickt, zeigt sich, daß auch in diesen Kreisen die Auffassung über das Verhältnis zwischen Religion und Glaubensverkündigung einerseits und Gesundheit und Gesundheitspflege anderseits die verschiedenen Phasen der Identifizierung und Trennung durchmachte. Ich kann das hier nicht wiederholen, sondern begnüge mich mit dem Versuch, meine persönliche Überzeugung kurz wiederzugeben.

2.33 *Religion und Gesundheit, pastorale Sorge und Gesundheitssorge*

Es scheint mir, daß die beiden genannten Wirklichkeiten zwar nicht einfach identifiziert werden dürfen, aber daß sie sehr eng miteinander verknüpft sind.

Wir sagten schon, daß sich die Sorge für die Gesundheit nicht auf einen Aspekt des Menschen beschränken darf, sondern letztlich auf den Menschen in seiner Ganzheit gerichtet und von daher normiert werden muß. In der Praxis der Gesundheitssorge wird dieses typisch Menschliche nicht immer und nicht immer gleich stark im Vordergrund stehen. Denn es gibt viele Variationen in Krankheiten oder Bedrohungen der Gesundheit: von einer einfachen Verwundung bis zum Selbstmordversuch dessen, der die Sicht auf den Sinn seines Daseins verloren hat. Trotzdem muß die Aufmerksamkeit des Arztes und seiner Helfer immer auch auf die anderen Aspekte gerichtet sein, nicht nur auf die rein körperlichen, die natürlich im ersten Augenblick stark in den Vordergrund treten.

Zur christlichen Religion gehören bedeutet, daß der Mensch an Jesus von Nazareth und dessen Botschaft glaubt. Diese Botschaft bejahen bedeutet: die erlösende Gegenwart Gottes in dieser Welt erkennen und in aufrichtiger menschlicher Liebe und Gerechtigkeit, in allem Wohlwollen und aller Vergebensbereitschaft, in aller wirklich gemeinten Hilfe und in wirklichem Trost, kurz in aller authentischen Humanität wahrmachen. Die christliche Lebensauffassung unterscheidet sich nicht von einer humanistischen Daseinsinterpretation durch irgendein Mehr, das dem Menschlichen hinzugefügt wird. Das „typisch Christliche" läßt sich daher nicht unabhängig vom Menschlichen umschreiben, in dem es seine Inkarnation oder konkrete Gestalt findet. Es liegt vielmehr in der Inspiration, von der aus, und in der Perspektive, in welcher Humanität in dieser Welt verwirklicht wird. Mit Inspiration meine ich die antreibende Kraft, die aus dem Glauben an Jesus von Nazareth kommt und an den, über den und im Namen dessen er spricht. Mit Perspektive meine ich: daß der Gläubige in seinen Anstrengungen zur Verwirklichung von Humanität glaubt und hofft, Heil zu realisieren. Das Menschliche ist zugleich Symbol und schon Wirklichkeit des Heils. Das Christliche läßt sich weder vom Menschlichen trennen noch anders als in diesem Menschlichen erkennen oder artikulieren. Wenn wir versuchen, es in Worte zu fassen, dann gelingt das am besten mit Hilfe der evangelischen Bilder vom Feuer, das Feuer durchglüht, vom Salz, das im Gesalzenen vorhanden ist, und vom Sauerteig in dem dadurch gesäuerten Teig und Brot. Kurz, das christliche Dasein als etwas, was von innen heraus das Menschliche durchdringt. Worum es geht, ist Folgendes: das Suchen nach dem authentisch Menschlichen und das Verwirklichen des authentisch Menschlichen, inspiriert durch den Christus und in der Perspektive der endgültigen Vollendung in ebendiesem Christus.

Die christliche Auffassung vom menschlichen Leben wird durch das Vertrauen gekennzeichnet, daß – trotz der Erfahrung der Ohnmacht gegenüber dem Übel in der Welt – mit dem Menschen alles gutgehen wird, sowohl individuell als auch kollektiv. Die christliche Lebensauffassung ist also eine Daseinsinterpretation, das heißt eine Botschaft über die fundamentalen Fragen des menschlichen Daseins. *Die Verkündigung dieser Botschaft kann daher ein wertvoller Beitrag in den gemeinsamen Versuchen zur Humanisierung der Welt sein, ist aber noch wertvoller in jenen Situationen eines Menschenlebens, in denen es gerade um den Sinn dieses Lebens wie auch immer geht.*

Wir sahen oben, daß Gesund- oder Kranksein ein vollmenschliches Geschehen ist, das auf die Existenzsituation hinweist, in der sich der Mensch befindet, und außerdem daß bei ernsthafterer Bedrohung von Gesundheit oder Leben unbedingt die Fragen nach dem Sinn des Daseins, des Lebens und Sterbens wachgerufen werden. Nun, gerade auf diesem Gebiet liegt die Aufgabe des Pastors: die Verkündigung der in Christus gegebenen Botschaft über den Sinn des menschlichen Daseins. Ebendarin treffen sich Arzt und Pastor – jeder von seinem Gesichtspunkt aus die Interessen des Patienten berücksichtigend –, und gerade darin brauchen sie einander in der Gesamtsorge für den Menschen.

2.4 *Teamwork im Interesse des Patienten*

Ich hoffe durch das Vorausgegangene nicht den Eindruck erweckt zu haben, als ob der Arzt und der Pastor doch noch gegenseitige Konkurrenten am Krankenbett wären bzw. daß sie als Vertreter unbekannter oder höherer Mächte auftreten. Das war keineswegs meine Absicht und kann meines Erachtens auch nicht als Folgerung aus dem Vorausgegangenen gezogen werden. Vorläufig ergibt sich daraus nur eine Schlußfolgerung, die ich ausdrücklich nennen will, nämlich: Jene, die auf irgendeine Weise bestimmte Interessen des Patienten vertreten, müssen als Team zusammenarbeiten.

Wenn man nicht der Krankheit, sondern dem kranken Menschen helfen will, dann müssen alle menschlichen Belange und Werte zu ihrem Recht kommen. Es ist natürlich möglich, daß der Arzt und seine unmittelbaren Helfer(innen) das bei einer Reihe von Patienten allein können. Viel häufiger wird es aber vorkommen, daß die verschiedenen Aspekte wieder ihre eigenen Spezialismen erfordern, so daß sich hier mehr als sonst die Notwendigkeit zum Teamwork von medizinischen, paramedizinischen, pflegerischen und anderen Diensten ergibt. Bei diesem letzteren denke ich an die Einschaltung eines Psychologen und/oder Sozialarbeiters, aber auch eines Pastors (Pfarrers, Priesters, Seelsorgshelfers usw.).

Um das früher gebrauchte Bild noch einmal aufzunehmen: Die Entwicklung im Augenblick zeigt deutlich, daß eine Verschiebung stattgefunden hat, und zwar hat das Bett des Patienten einen anderen Platz erhalten. Es ist heute so, daß der Patient zum Mittelpunkt geworden ist, und im Kreis um ihn herum stehen Arzt, Krankenpfleger, Psychologe, Sozialarbeiter, Pastor und Vertreter anderer Dienste. Sowohl der Arzt als auch der Pastor haben etwas von ihrer ganz spezifischen (bisweilen monopolartigen) Position abtreten müssen.

Das beeinträchtigt keineswegs die Aufgabe und Verantwortung des Arztes, da er im Ganzen der Gesundheitssorge die wichtigste und daher auch die verantwortlichste Aufgabe hat und der Promotor des Teamworks ist. Wenn ich jetzt sagen würde: dadurch würden auch nicht die spezifische Aufgabe und Verantwortung der Pflegekräfte beeinträchtigt, dann klingt das vielleicht ein wenig naiv, denn das ist im Augenblick noch nicht so klar. Vielleicht können die vorstehenden Überlegungen den Anlaß bilden, einmal von neuem über den Krankenpflegedienst nachzudenken, der bis zu einem gewissen Grad doch eine Eigenständigkeit mit eigener Verantwortung hat. Das beeinträchtigt auch nicht die Aufgabe des Pastors. Im Gegenteil, es bedeutet eher eine Klärung seiner Funktion und deren Konzentration auf den eigentlichen Kern der Sache: aus seiner Glaubensüberzeugung dem Kranken so zur Seite zu stehen, daß es diesem gelingen kann, mit den grundlegenden Fragen seiner Existenz ins reine zu kommen. Es bedeutet aber nicht, daß der Pastor gerufen werden muß, um die Sterbegebete zu beten oder die Krankensalbung (das heißt das Sterbesakrament) zu spenden, weil oder nachdem andere Maßnahmen nicht mehr helfen können. Nach meiner Überzeugung liegt die Aufgabe des Pastors gerade im Ganzen eines Krankheitsprozesses als eines menschlichen Geschehens, in dem die grundlegenden Fragen über den Sinn des menschlichen Daseins latent oder manifest vorhanden sind, zumindest für den, der wirklich hören will und kann. Die Aufgabe des Pastors ist daher als ein erwünschter Bestandteil der integralen Sorge für den Patienten zu sehen eben im Hinblick auf die menschlichen Belange und Daseinsfragen, um die es hier geht.

3 Recht auf Leben und Lebenshilfe

Das Recht auf Leben wird im „Covenant on Political and Civil Rights" der Vereinten Nationen, proklamiert am 16. Dezember 1966, als ein Grundrecht jedes Menschen bezeichnet. Schon früher war es ausdrücklich zu einem fundamentalen Recht des Menschen erklärt worden, u. a. in der „Allgemeinen Erklärung der Menschenrechte" vom 10. Dezember 1948 und im „Europäischen Vertrag zum Schutz der Menschenrechte" vom 3. September 1953. Das Recht auf Leben kommt in zahlreichen Verfassungen anderer Länder vor.

Die Anerkennung des Rechtes auf Leben beruht auf der allgemeinen Überzeugung, daß menschliches Leben respektiert werden muß. Die Pflicht zur Achtung jedes Menschenlebens gehört unabdingbar zu den fundamentalsten menschlichen Errungenschaften und hat dem Wechsel von Kulturen und Kulturepochen standgehalten, zumindest was das Prinzip betrifft. Obwohl die Verwirklichung dieses ethischen Axioms oft mangelhaft blieb (und bleibt!) und auch seine Übersetzung in konkrete ethische Normen einer starken Entwicklung unterworfen war, bleibt sie stets der Ausgangspunkt allen Denkens und aller Diskussionen über die Probleme, die sich auf diesem Gebiet ergeben.

Die allgemeine Bejahung dieses Prinzips hängt aufs engste mit der genauso allgemeinen Überzeugung zusammen, daß das Leben das kostbarste Gut jedes Menschen ist. Für den Christen und viele andere Gläubige wird das verstärkt durch die biblische Auffassung, daß das Leben des Menschen ein Geschenk oder eine Gabe des Herrn ist, die dem Menschen als Aufgabe, das heißt in ethischer Verantwortung, anvertraut wird.

Es scheint nicht sinnvoll zu sein, an dieser Stelle das Prinzip der Ehrfurcht vor dem Leben von neuem und ausführlich zu besprechen (siehe dazu: Darf die Medizin, was sie kann? 3. 11. 1971). Im Hinblick auf die Behandlung der Sterbenshilfe werde ich jetzt nur die Kerngedanken wiederaufnehmen, ergänzt durch einige neue Gedanken, die uns für die weitere Behandlung dienlich sein können.

3.1 *Interpretation*

Das Grundprinzip der Ehrfurcht vor dem Leben hat einen sakralen Charakter erhalten, sei es, weil die Herrscherrechte des Schöpfers des Lebens dabei eine Rolle spielten, sei es, weil das Prinzip als etwas Unantastbares angesehen wurde. Vielleicht darf man sagen, daß es von vielen als eine der wenigen absoluten und allgemein geltenden Normen angesehen wird, die in unserer Ethik noch übriggeblieben sind. Doch hat auch diese Norm – wie grundlegend sie auch sein mag – eine bestimmte Relativität. Wir stellen diese bei näherer Betrachtung der Entwicklung fest, die vor allem die Interpretation dieser Norm durchgemacht hat.

3.11 *Entwicklung im allgemeinen*

Eine erste, sehr wichtige Voraussetzung ist die Überzeugung, daß das faktische Töten eines Menschen nicht immer und nicht notwendig identisch zu sein braucht mit „Mord" in der ethischen Bedeutung dieses Wortes. Im Lauf der Geschichte wurde denn auch bejaht, daß in bestimmten Fällen oder Situationen das faktische Töten eine ethisch verantwortbare Sache sein könne. Der Tradition nach gehörten zu diesen Fällen: Todesstrafe, gerechter Krieg und Töten aus Selbstverteidigung. Für unser Empfinden ist davon nur noch das letzte übriggeblieben; Todesstrafe und jede Art von Krieg werden jetzt allgemein als ethisch nicht vertretbare Handlungen angesehen. Übrigens werden heute gegenüber früher wieder andere Dinge als Verstoß gegen die Ehrfurcht vor dem Leben angesehen: zum Beispiel schlechtes Verhalten im Verkehr, unnötig große Luftverschmutzung, übermäßiger Genuß von Alkohol und Drogen. Womit ich nur sagen will: Wirkliches Töten oder diesem gleichstehendes Sterbenlassen, während man das Leben erhalten könnte, ist nicht a priori ethisch unverantwortlich und kann außerdem ethisch anders werden durch eine völlig veränderte menschliche Situation.

3.12 *Sinnvolles menschliches Leben*

Ein zweiter Aspekt, unter dem sich die Norm weiter entwickelte und durch die wieder eine Relativierung vorgenommen wurde, liegt in Folgendem: Es geht nicht um die Erhaltung des Lebens schlechthin, sondern um die Erhaltung eines menschlichen, das heißt sinnvollen und akzeptablen menschlichen Lebens.

In den vergangenen Jahrzehnten wurde dieser Punkt wiederholt im Katholischen Ärzteblatt besprochen, und zwar im Zusammenhang mit den Problemen um die Lebensverlängerung. Bis zum Ende der dreißiger Jahre kamen die typisch menschlichen Aspekte in diesem Punkt schlecht zur Geltung. Das ist verständlich, weil der medizinische Begriff vom Menschen überwiegend somatischer Art war. Der erste wirklich neue Ton erklingt im Katholischen Ärzteblatt in einem Artikel von Van der Hoff unter dem Titel „Operieren oder sterben lassen?" aus dem Jahre 1937. Er handelt über die auch heute noch aktuelle Frage, ob man ein Spina-bifida-Kind (ein Kind, das mit einem offenen Rücken geboren wird) durch operativen Eingriff am Leben erhalten muß oder sterben lassen soll. Van der Hoff verteidigt die Auffassung, daß man das in den meisten Fällen aus emotionalen, psychischen und sozialen Gründen nicht tun müsse. Damit verlegt er die diesbezügliche Norm, alles zu tun, um das Leben zu erhalten, in das Absehen von weiterer Behandlung, wenn diese nicht sinnvoll ist. Seine Ideen sind auffällig eng verwandt mit Ideen aus dem bekannten Buch von Van den Berg „Medische macht und medische ethiek", das dreißig Jahre später erschien. Übrigens wurde Van der Hoff in einer folgenden Nummer deswegen heftig angegriffen und zurechtgewiesen (?) von dem damals noch existierenden und amtierenden Zensor des Katholischen Ärzteblatts in Form eines Artikels, der den Titel trägt: „Eine bedenkliche Haltung".

Doch das konnte die Entwicklung des ethischen Denkens nicht aufhalten. Von entscheidender Bedeutung für die weitere Entwicklung in den katholischen Ärztekreisen und weit darüber hinaus war die Erklärung Pius' XII. vom 20. 8. 1956. Im Zusammenhang mit Wiederbelebungsversuchen und dem Problem, wann man sie einstellen dürfe, erklärte der Papst: In Fragen bezüglich der Lebensverlängerung liegt die ethische Norm nicht in der Erhaltung des Lebens schlechthin, sondern in der Erhaltung des wirklich menschlichen Lebens. Deshalb sind bei den Versuchen zur Lebensverlängerung nicht nur die körperlichen Konditionen und die körperlichen Möglichkeiten, sondern auch und vor allem die emotionalen, psychischen und sozialen Aspekte für die Normierung ausschlaggebend.

Ehrfurcht vor dem Leben, verstanden als Ehrfurcht vor der Erhaltung sinnvollen menschlichen Lebens, finden wir ungefähr von 1960 an in vielen Veröffentlichungen als Grundnorm. Sie ist deutlich vorhanden in Artikeln von Stolte, Prick, Marlet und Mertens und wurde auf dem Studientag der Katholischen Ärztevereinigung 1961 behandelt. Denselben Geist atmen verschiedene Artikel in „Soteria“, obwohl nicht alle protestantisch-christlichen Gruppierungen mitgingen, wie sich bei der Behandlung der passiven Euthanasie zeigen wird. Die Frage wurde wiederaufgenommen und bejaht in einem Bericht über diese Thematik von seiten des Nederlands Gespreks Centrum 1964. Ich selbst habe 1965 versucht, diese Grundnorm weiterzuentwickeln, vor allem indem ich nach den Kriterien suchte, aufgrund deren man von „sinnvollem und akzeptablem menschlichen Leben“ sprechen kann. Das Neue in der medizinischen Ethik, wie sie von Van den Berg beschrieben wird, liegt denn auch nicht in dieser Auffassung über die Grundnorm der Ehrfurcht vor dem Leben, sondern in deren Interpretation und in den Schlußfolgerungen, die er daraus zieht. Aber darauf komme ich später noch zurück.

3.13 *Menschliches Leben in Entwicklung*

Ein letzter Faktor, der für das Verständnis der Norm der Ehrfurcht vor dem Leben von großer Bedeutung ist, liegt in der Überzeugung, daß menschliches Leben eine dynamische Gegebenheit ist. Diese bildet in gewissem Sinn den Hintergrund für die beiden ersten Punkte. Ich möchte dies wie folgt kurz umschreiben.

Wenn wir vom „Menschen“ oder von „menschlichem Leben“ sprechen, meinen wir nicht einen abstrakten und statischen Begriff von Menschsein. Wir haben dann vielmehr eine „Gestalt-Idee“ vom Menschen vor Augen, die durch ihren Bezug auf die konkrete Lebenswirklichkeit dynamischer Art ist. Menschsein heißt immer Mensch im Werden sein. Die ethische Pflicht zur Respektierung dieses menschlichen Lebens gilt von dem Augenblick an, da und solange menschliches Leben als vorhanden angesehen werden muß. Das bedeutet meines Erachtens: vom Beginn der Schwangerschaft an bis zum Gehirntod.

Aber damit ist nicht alles gesagt. Auch wenn von menschlichem Leben in Entwicklung gesprochen wird, dann bedeutet das noch nicht, daß das Menschliche während des ganzen Prozesses in derselben Art verwirklicht wird. Es besteht zweifellos ein großer Unterschied im Menschsein zwischen einer befruchteten Eizelle, einem Embryo, einem fast ausgetragenen Kind, einem Neugeborenen, einem Jugendlichen, einem Erwachsenen und einem Greis. Dementsprechend besteht auch ein Unterschied in der Wertung dieses menschlichen Lebens: Der Tod eines Erwachsenen, eines Kindes, eines Neugeborenen und das Absterben einer Frucht einer zwei Wochen alten Schwangerschaft werden nicht in der gleichen Art als Verlust oder Schmerz von der Umgebung erfahren. Eine solche unterschiedliche Wertung besteht auch hinsichtlich des Tötens: Abortus provocatus hält man bei einer Schwangerschaft von drei Wochen für weniger „schlimm“ als bei einer Schwangerschaft von fünf Monaten, und letzteres wieder für weniger schlimm als Kindermord usw.

Daraus folgt aber nicht, daß man aus diesem Grunde einer bestimmten Phase der Entwicklung die Qualität „menschlich“ vorenthalten darf. Es weist aber auf eine Gegebenheit, die für das anthropologische und ethische Denken von eminent großer Bedeutung ist. Ich meine Folgendes: Wenn wir über Menschsein nachdenken, dann tun wir das von der „Lebensmitte“, das heißt vom erwachsenen Menschen aus, bei dem das Menschsein normalerweise voll verwirklicht ist. Von diesem Standpunkt aus gesehen kann man meines Erachtens von einer befruchteten Eizelle nicht behaupten, sie sei voll und ganz Mensch. Die Verwirklichung dieses vollen Menschseins bildet eine fließende Linie, die ein Auf und Ab kennt. *Das hat zur Folge, daß die ethische Pflicht zur Respektierung des menschlichen Lebens eine gleiche fließende Linie zeigt, was ihre Geltungskraft betrifft: Sie gilt vom Beginn bis zum Ende, aber gilt mehr, je voller das Menschsein realisiert ist.* Mit anderen Worten: Je höher die Entwicklungsebene ist, auf der sich der Menschwerdungsprozeß befindet, um so ernsthafter wird die Situation und um so schwerer werden die Gründe sein müssen, um die Verkürzung oder den Abbruch dieses Lebens ethisch rechtfertigen zu können. Um es mit einigen Beispielen zu verdeutlichen: Es werden schwerwiegendere Gründe vorhanden sein müssen, um zu einem Abortus provocatus überzugehen, als um einen Nidationshemmer anzuwenden. Passive Euthanasie bei einem Patienten mit den besten Aussichten auf eine baldige Besserung wäre ethisch verurteilenswert; bei einem Krebspatienten, der in seiner letzten Phase eine tödliche Lungenentzündung bekäme, kann passive Euthanasie dagegen durchaus verantwortlich sein.

Nach meiner festen Überzeugung tun die drei genannten Relativierungen der Grundnorm der Ehrfurcht vor dem Leben keinen Abbruch. Im Gegenteil, sie stärken diese Norm auf das spezifisch

Menschliche hin. Denn es geht letztlich um die Hilfe für einen bestimmten Menschen, der in seiner körperlichen und sozialen Existenzsituation versucht, er selbst zu werden und darin sein Lebensziel zu erreichen. Die wirklichen Interessen des Patienten in seiner Gesamtheit – wie sie der Patient selbst sieht und wie wir sie in seinem Namen zu sehen glauben – bestimmen die Norm für jede Hilfe, die geleistet wird.

3.2 *Ethische Grundhaltung*

Es ist eine merkwürdige Sache, daß sich die Behandlung dieser Norm der Ehrfurcht vor dem Leben praktisch immer mehr auf das körperliche Leben als auf die spezifisch menschlichen Aspekte dieses Lebens richtet. Ich meine damit folgendes: Ehrfurcht vor dem Leben wird – und das habe ich selbst oben auch getan – meist nur in folgender Bedeutung interpretiert: den anderen nicht ermorden, ihn am Leben lassen, ihm helfen, am Leben zu bleiben, und für das Leben des anderen zu kämpfen. Wir betrachten es als unsere Pflicht, dies zu tun, und sprechen dem anderen das Recht zu, das von uns zu verlangen.

3.21 *Lebenshilfe*

Selbst die beste der oben genannten Interpretationen, nämlich für das Leben des anderen kämpfen, ist jedoch noch keine wirkliche „Lebenshilfe" in der vollen Bedeutung dieses Wortes. Im Grunde ist sogar das nur ein Aspekt der Grundhaltung gegenüber dem Leben des anderen. Die ethische Grundhaltung wird nämlich bestimmt durch diesen anderen in allen seinen Bemühungen, etwas aus seinem Leben, das heißt etwas aus sich selbst zu machen. Um es mit ganz konkreten Worten zu sagen: Für die Erhaltung des leiblichen Lebens des anderen kämpfen, während man ihm dabei oder danach das Leben menschenunmöglich macht, ist keine Lebenshilfe, sondern eine Sünde gegen das Leben eines anderen. Um ein anderes Beispiel zu nennen: Immer weiter – manchmal sogar experimentierend! – mit den Versuchen fortfahren, das Leben eines Menschen noch ein wenig zu verlängern, während das für den Patienten selbst ausschließlich eine große Quälerei ist, weil er doch sterben muß und will, verdient nicht den Namen Lebenshilfe. *Wirkliche Lebenshilfe besteht darin, daß wir dem anderen helfen, er selbst zu werden, oder daß wir so bei dem anderen sind, daß er zur Selbstverwirklichung kommen kann.*

3.22 *Geduld*

Es scheint mir, daß die größte Bedrohung für diese Form der Lebenshilfe in der Unduldsamkeit und Ungeduld liegt, die bei vielen vorhanden ist. Es gibt ein altes chinesisches Sprichwort, das sagt: Wenn du einen anderen lieben willst, dann mußt du damit anfangen, ihm zu verzeihen, daß er der andere ist. Das Evangelium spricht wiederholt von der Haltung der Vergebung und Geduld. Bei allen Arten der Hilfeleistung ist stets die Gefahr gegeben, daß jener, der hilft, sich selbst und seine eigenen Auffassungen zur Norm für die Hilfeleistung macht, obwohl man theoretisch sehr wohl weiß, daß diese Norm durch die wirklichen Nöte des Patienten bestimmt wird. *Es erscheint mir deshalb wichtig, in diesem Zusammenhang ausdrücklich zu sagen, daß die Geduld, dem anderen wirklich zu gönnen, daß er er selbst wird, eine grundlegende und unentbehrliche Gegebenheit der ethischen Grundhaltung zur Lebenshilfe ist.* Es bedarf keines Beweises, daß dasselbe für die Lebenshilfe gilt, die Sterbenshilfe sein muß.

4 Recht auf Sterben und Sterbenshilfe

In einem Krankenhaus nahm ein Operationsteam eine sehr schwere Herzoperation vor. Der Patient befand sich selbstverständlich in Narkose. Durch Anschluß an die Herz-Lungen-Maschine wurden die Sauerstoffzufuhr und der Blutkreislauf künstlich aufrechterhalten, so daß die Chirurgen in aller Ruhe den Eingriff am Herzen ausführen konnten. Obwohl die Aussicht auf ein Gelingen der Operation vorher sehr günstig zu sein schien, ging während der Operation etwas schief. Die Einzelheiten tun hier weiter nichts zu Sache, aber Folgendes geschah: Das Herz setzte aus, und alle Versuche, es wieder zur Tätigkeit zu bringen, mißlangen. Das Herz hatte aufgehört zu schlagen, und zwar total und definitiv. Der Patient war trotzdem nicht tot, sondern nur in Narkose und konnte somit zu jedem erwünschten Augenblick wieder zu Bewußtsein gebracht werden. Sein Leben durch eine Herztransplantation zu retten, war unmöglich. Es war wohl möglich, das Leben noch einige Stunden zu verlängern, indem man die Herz-Lungen-Maschine weiterarbeiten ließ. Das war aber nur eine Frage von einigen Stunden, weil diese Maschine ihre Funktion nicht unbegrenzt erfüllen kann. Als weiterer Umstand kam hinzu, daß andere Spezialisten desselben Krankenhauses großes Interesse an den Nieren des betreffenden Patienten hatten für eine Nierentransplantation. Soweit die Beschreibung eines wirklichen Geschehnisses.

Hat dieser Patient ein Recht auf Lebenshilfe oder auf Sterbenshilfe? Und was bedeutet diese dann? Wenn man derartige Situationen ins Auge faßt, ist es dann nicht völlig absurd, noch davon zu sprechen, daß jeder Mensch das Recht hat, „seinen eigenen Tod“ zu sterben? Muß er aus der Narkose geholt und über seinen Zustand informiert werden? Was gilt hier als Todeskriterium: Herzstillstand oder Gehirntod? Könnte das Überlassen beider Nieren, wodurch zwei Nierenpatienten am Leben bleiben könnten, seinen Tod sinnvoller machen?

Aus dieser Reihe von Fragen, die sich spontan ergeben, geht hervor, daß ich dieses Beispiel nicht gebracht habe, weil es einen so harten

Schock verursachen kann, sondern weil daraus klar hervorgeht, wie sehr das Sterben und dadurch auch die Sterbenshilfe zum Problem geworden ist.

Seit *dem Tod* Abels bis zum heutigen Tag ist der Tod als Tatsache meines Erachtens nicht anders geworden. Es haben aber sehr große Veränderungen stattgefunden im Hinblick auf das *Sterben,* das heißt auf den Weg, den der Mensch in seiner letzten Lebensphase bis zum Tod zurückzulegen hat.

In erster Linie ist die Situation, in der der Mensch stirbt, anders geworden. Mehr als die Hälfte der Menschen stirbt nicht zu Hause, sondern in einem Krankenhaus. Und das bedeutet nicht selten: in dem „medizinischen Drum und Dran" von Schläuchen, Drähten, Flaschen, Verbänden, Stellagen, Monitoren und dergleichen .Das Sterben des Menschen ist in eine Anzahl physiologischer Prozesse auseinandergefasert, hinter denen sich das persönliche Geschehen des Sterbens verliert (Hommes 1968, Kübler-Ross 1970).

Zudem dauert der Prozeß des Sterbens im allgemeinen länger als früher, und zwar wegen der vielen pflegerischen und medizinischen Möglichkeiten, das Leben zu erhalten.

Schließlich: Die Grenzen zwischen Leben und Tod sind dadurch vager geworden. Eine Anzahl heute lebender Menschen ist buchstäblich vom Tod zurückgeholt worden. Herzstillstand – einstmals das sicherste Anzeichen für den Tod eines Menschen – kann in bestimmten Fällen behoben werden. Organe können tot sein, während der Mensch noch lebt, und umgekehrt kann der Mensch selbst tot sein, während bestimmte Organe weiterleben, sei es in einem anderen Menschen, sei es, daß sie künstlich am Leben erhalten werden.

Einschneidende Veränderungen im menschlichen Sterbensprozeß brachten es mit sich, daß sich fast notwendig die Haltung gegenüber diesem Sterben veränderte und damit auch die Haltung gegenüber dem Tod. Wie dem auch sei, diese Tatsache allein schon läßt vermuten, daß Sterbenshilfe eine absolute Notwendigkeit ist, mehr, als es je in der Vergangenheit der Fall war.

4.1 *Das Recht, zu sterben*

In Anbetracht der heutigen Möglichkeiten, Leben zu erhalten, ist es durchaus verständlich, daß sich erst in unserer Zeit die Frage aufdrängt: Hat ein Mensch das Recht, zu sterben?

Auf den ersten Blick scheint dies eine etwas merkwürdige Frage zu sein. Weshalb sollten wir etwas als ein Recht für uns in Anspruch nehmen, was völlig sicher und sogar als eine unabwendbare Wirklichkeit über uns kommen, uns zustoßen wird? Es gibt Menschen, die voll Sehnsucht nach dem Tod Ausschau halten oder zumindest bereit sind, ihn hinzunehmen. Für viele aber kommt der Tod noch zu unerwartet, zu schnell oder zu früh. Warum dann von einem „Recht zu sterben" sprechen?

4.11 *Ausgangspunkt*

Wir dürfen diesen Ausdruck zunächst nicht in dem streng juristischen Sinn verstehen. In unserem Zusammenhang gebraucht, bedeutet er vielmehr: Jeder Mensch hat ein Recht darauf, zu sterben, wenn seine Zeit gekommen ist, das heißt, niemand darf dann sein Sterben auf sinnlose Weise oder gegen seinen Willen verlängern. Den Sterbensprozeß sinnlos oder aussichtslos zu verlängern, läßt sich ethisch nicht vertreten und dürfte juristisch gesehen eine strafbare Handlung sein (van Agt 1968, vgl. Tordoir 1969). Einen Sterbensprozeß verlängern kann nur dann sinnvoll und akzeptabel werden, wenn dadurch bestimmten menschlichen Werten gedient ist, zum Beispiel wenn der Patient noch eine Aufgabe, individuell oder sozial gesehen, erledigen will oder wenn noch notwendige Vorbereitungen für die Entnahme von Organen zum Zweck einer Transplantation getroffen werden müssen.

Der genannte Ausdruck impliziert aber auch, daß niemand diesen Sterbensprozeß des anderen auf sinnlose Art oder gegen den Willen des Patienten abkürzen darf. Daraus folgt meines Erachtens, daß die Anwendung aktiver Euthanasie ohne oder gegen den Willen des betreffenden Patienten widerrechtlich ist.

Das Recht zu sterben in diesem Sinn (das man auch Recht auf „ungestörtes Sterben" nennen kann) ergibt sich unmittelbar aus dem Recht, zu leben. Wir haben die Pflicht, dem anderen die Möglichkeit zu geben und ihm zu helfen, er selbst in seinem Sterben zu sein.

Solange wir nur bei obengenanntem Ausgangspunkt ganz allgemein bleiben, gibt es wenig Probleme. In der Praxis aber entstehen häufig Schwierigkeiten, die ich hier nicht stillschweigend übergehen kann. Diese Schwierigkeiten können das Recht zu sterben betreffen, weil der Patient weitere Versuche zu seiner Lebenserhaltung ablehnt oder weil jemand eine aktive Lebensbeendigung will, wie es bei Selbstmord oder Euthanasie der Fall sein kann.

4.12 *Die Ablehnung von Versuchen zur Lebenserhaltung*

Wenn Patient und Arzt beide davon überzeugt sind, daß weitere Versuche zur Lebensverlängerung sinnlos und daher unerwünscht sind, dann ergeben sich wenig Probleme. Ein Problem entsteht jedoch dann, wenn der Patient sich weigert, während der Arzt (und oft viele mit ihm) der Ansicht sind, daß diese Weigerung unverantwortlich ist. Um mit einem einfachen Beispiel zu beginnen: Es kommt manchmal vor, daß ein älterer oder unheilbarer Kranker keine Aussicht auf Genesung mehr hat, aber daß durch bestimmte medizinische Behandlungen sein Leben noch für kurze Zeit verlängert werden könnte. Wenn der Patient bereit ist zu sterben und daher weitere Behandlung (das bedeutet hier: Hinauszögern des Sterbens) ablehnt, dann muß diese Entscheidung nach allgemeinem Empfinden respektiert werden.
Schwieriger ist die Frage, die in diesem Zusammenhang immer wieder auftaucht: die Vornahme einer Bluttransfusion bei einem Zeugen Jehovas. Die Frage ist: Darf ein Arzt seine eigene Auffassung einem Patienten aufdrängen, der aus religiös-ethischen Erwägungen eine für seine Lebenserhaltung notwendige Bluttransfusion ablehnt?
Der Ausgangspunkt für das diesbezügliche ethische Denken ist meines Erachtens folgender: Die Gewissensansicht und die Entscheidung des Patienten müssen respektiert werden, wenn man nicht mit Sicherheit aufzeigen kann, daß der Patient nicht fähig ist, selbst als erwachsener und verantwortlicher Mensch zu entscheiden. In allen anderen Fällen darf der Arzt (oder sonst jemand) dem Patienten seine Auffassung vortragen und ihn von der Unrichtigkeit seines Standpunkts zu überzeugen versuchen. Wenn ein erwachsener Mensch aber trotzdem bei seiner Weigerung bleibt, dann glaube ich, daß die Entscheidung des Patienten ausschlaggebend ist.
Die Sache stellt sich aber wieder ganz anders dar, wenn es um ein Kind geht, dessen Eltern Zeugen Jehovas sind. Wenn für die Lebenserhaltung dieses Kindes eine Bluttransfusion notwendig ist, dann stehen die Auffassung der Eltern und die des Arztes einander gegenüber, die aber beide den Interessen des Kindes dienen wollen. Es scheint mir, daß dann die Auffassung des behandelnden Arztes ausschlaggebend sein sollte. Im Hinblick auf die Rechte der Eltern ist es jedoch ratsam, den Staatsanwalt zu verständigen, bevor man in solchen Fällen zum Handeln übergeht.

Ein letztes Beispiel in diesem Zusammenhang: Eine Anzahl von Menschen trägt zur Zeit eine Karte bei sich, auf der sie ausdrücklich den Wunsch zu erkennen geben, daß sie im Fall von Gehirnverletzungen oder Herzinfarkt keine Wiederbelebung wollen. Ist der Arzt, dessen Hilfe bei einem solchen Vorfall in Anspruch genommen wird, ohne weiteres und jederzeit verpflichtet, diese Willenserklärung des Patienten zu respektieren?

Es scheint mir, daß man diese Frage nicht so allgemein stellen darf. Der eigentliche Zweck einer solchen Willenserklärung scheint mir folgender zu sein: Der Betreffende will verhindern, daß die eventuellen Wiederbelebungsversuche unnötig lang fortgesetzt werden oder vielleicht eine für ihn unannehmbar niedere Stufe menschlichen Lebens zur Folge haben werden. Deshalb muß der Arzt meines Erachtens unbedingt Belebungsversuche anstellen, wenn nach seiner Meinung die Chancen für ein positives Ergebnis sehr günstig sind. In der Praxis steht man aber oft vor einer besonderen Schwierigkeit: Häufig muß man mit den Wiederbelebungsversuchen begonnen haben, bevor man mit einiger begründeter Sicherheit etwas über das zu erwartende Ergebnis sagen kann. Es scheint mir deshalb im Interesse des Betreffenden notwendig, wirklich mit den Wiederbelebungsversuchen zu beginnen. Wenn dann deutlich wird, daß man wenig gute Resultate erwarten darf, dann darf die Willenserklärung des Patienten mit normierend sein in dem Sinn, daß man sich bei Zweifel über den Sinn der Fortsetzung der Versuche eher als in anderen Fällen für deren Abbruch entscheidet.

4.13 *Die Bitte um Euthanasie*

Es kann vorkommen, daß diejenigen, die am Sterbensprozeß eines Patienten teilnehmen, wirklich alles tun, was in ihren Kräften steht, um ihm zu helfen, aber daß der Patient trotzdem diesem Prozeß des Sterbens nicht mehr gewachsen ist und ihn abkürzen will. Ich meine eine Situation, in der ein Mensch bereit ist zu sterben, aber zuerst noch einen solchen Verfall durchmachen muß, daß er dies als Mensch nicht mehr bewältigen kann. Mit anderen Worten: daß der Patient durch das Schreckliche seines Sterbenswegs in seinem Sterben nicht mehr er selbst sein kann. Soweit ich das zu überblicken vermag, scheint mir, daß es ethisch verantwortlich sein kann, tatsächlich diese letzte Phase seines Sterbensprozesses durch aktives Eingreifen drastisch zu verkürzen.

Aber darf man das als Christ eigentlich sagen? Ist für den Gläubigen Gott nicht der Schöpfer und Herr des Lebens? Ist das Leben uns denn nicht in Verantwortung gegenüber Gott anvertraut? Ja, das ist in der Tat richtig, und ich glaube auch persönlich daran. Aber für Euthanasie gilt, was für so viele andere ethische Fragen gilt: Ausgangspunkt und Grundnorm bleibt die Ehrfurcht vor dem Leben. Aber damit ist nicht klar, was diese ethische Grundnorm in den einzelnen Fällen konkret für den Gläubigen besagt. Das kann nur in der jeweiligen Situation deutlich werden. Diese kann erfordern, daß um eine Lebensverlängerung gekämpft werden muß; sie kann meines Erachtens genauso erfordern, daß die Lebensdauer den spezifisch menschlichen Eigenschaften und Belangen dieses Lebens geopfert wird. Anders formuliert: Es können sich Umstände ergeben, unter denen die Quantität des Lebens der Qualität untergeordnet werden muß (Jongsma 1969).

Euthanasie ist einer der ethischen Grenzfälle, von denen wir sagen müssen: Wenn es einigermaßen möglich ist, muß sie vermieden werden. Die Bitte eines Patienten um Euthanasie muß übrigens für uns klingen wie ein Appell an unser Gewissen, ob wir, die Umstehenden, alles getan haben, um dem betreffenden Menschen zu helfen, mit seinem Sterben fertig zu werden. Aber wenn dieser Sterbensprozeß einen solchen Verfall mit sich bringt, daß der Mensch als Mensch daran zugrunde geht und alle gebotene Hilfe keine Wirkung mehr hat, dann scheint mir eine kategorische und für alle Fälle geltende Verurteilung einer absichtlichen Verkürzung des Sterbensprozesses unhaltbar zu sein. Das bedeutet, daß der Arzt und die Umstehenden meiner Meinung nach nicht berechtigt sind, in diesen (übrigens selten vorkommenden) Fällen dem Patienten die Anwendung von aktiver Euthanasie per se unmöglich zu machen.

Soweit über den unheilbaren Kranken hinsichtlich seines eigenen Todes. Im letzten Kapitel werde ich noch die Frage behandeln, inwieweit jemand zur Mitwirkung oder Anwendung von Euthanasie gegenüber einem anderen berechtigt ist.

4.14 *Selbstmord*

Ganz anders – und für mein Empfinden viel schwieriger – liegt die Sache bei dem Selbstmord. Bei Euthanasie ging es um die Frage, ob ein unheilbar Kranker die letzte Phase seines Sterbens verkürzen darf. Bei Selbstmord ist keine Rede von einem Sterbensprozeß, sondern es handelt sich um einen Menschen, der nicht mehr leben will. Was ist davon zu halten?

Ich kann nur zögernd versuchen, darüber etwas zu sagen, weil ich das Gefühl habe, darüber wenig Sinnvolles vorbringen zu können. Deshalb beginne ich mit der Praxis gegenüber Patienten, die nach einem Selbstmordversuch bewußtlos in ein Krankenhaus gebracht werden. Auch hier bin ich geneigt, als Ausgangspunkt festzuhalten: Der Wille des Patienten zu sterben muß respektiert werden. Doch wage ich das nicht so direkt zu sagen, weil nach allgemeiner Überzeugung ein Entschluß zum Selbstmord kein wohlüberlegter Entschluß ist, sondern eher in einem Zustand der Panik oder aus offensichtlich unhaltbaren Gründen getroffen wird (man beachte wohl: unhaltbar nach Ansicht der anderen!). Wenn das wirklich der Fall ist, dann folgt daraus logischerweise, daß wir den Patienten vor sich selbst in Schutz nehmen müssen. Das wird in der medizinischen Praxis denn auch getan: Man wird alles daransetzen, bei diesen Patienten den Selbstmordversuch ungeschehen zu machen und sie am Leben zu erhalten.

Trotz der weitverbreiteten Meinung, der Entschluß zum Selbstmord sei ein pathologischer Entschluß, gibt es nach Meinung anderer doch den sogenannten „Bilanz-Selbstmord“, der ein wohlüberlegter, wirklich menschlicher Entschluß sei und deshalb respektiert werden müsse. Es ist schwer, sich darüber eine Meinung zu bilden, weil die Motive so unklar sind oder, wenn sie klar sind, die Frage wachrufen, ob das auch die eigentlichen Motive sind. So waren im Altertum der Wille zu einem freien Leben, Stolz oder gekränkter Stolz die gängigen Motive. In unserer Zeit mehr das Gefühl der Einsamkeit, Enttäuschung oder Erfahrung der Sinnlosigkeit des Lebens. In den letzten Jahren kennen wir auch den Selbstmord als Protestakt gegen die Unfreiheit, unsere eigene und die anderer, wobei eine Art von Opfercharakter zutage tritt. Alle Motive legen nahe, daß Selbstmord zur Lösung von Problemen dienen könnte. Ich bin mit Verhoeven (1971) der Meinung, daß der Selbstmord keine wirkliche Lösung für Probleme sein kann: Wer sein Leben so sehr mit Freiheit, Zusammensein usw. identifiziert hat, daß er ohne diese kein Leben mehr sieht, vergißt, daß das Leben der Mühe wert ist, weil wir es selbst nicht ganz zu schaffen brauchen: „Leben ist Geschenk, von wem auch immer. Selbstmord ist die widersprüchliche Konsequenz der Illusion, daß das Leben ganz Aktivität ist.“ Das schließt übrigens nicht aus, daß ein Selbstmordversuch eine

Anklage gegen die Umgebung des betreffenden Menschen sein kann, der vielleicht keine Lebenshilfe empfangen hat, als es noch nicht zu spät war.
Was die ethische Seite der Frage betrifft: Die Schrift und die christliche Tradition lehnen Selbstmord als Sünde gegen das Leben und gegen den Schöpfer des Lebens ab. Persönlich neige ich dazu, zu sagen, daß Selbstmord durchweg ein Versagen an der Aufgabe ist, das Leben als eine Gabe zu sehen. Doch haben sich die Ethiker nie recht Rat gewußt in einer Anzahl von Fällen: zum Beispiel bei dem Widerstandskämpfer, der, gefangengenommen und in Folterungen verhört, Gift nimmt, um nicht den Tod vieler anderer auf sein Gewissen zu laden. Das mahnt mich zur Vorsicht, so daß ich keine kategorische und absolute ethische Verurteilung auszusprechen wage über alle Fälle, in denen jemand mit ehrlicher Überzeugung glaubt, seinem Leben ein Ende setzen zu müssen.
Und um zum Schluß noch einmal zur medizinischen Praxis zurückzukehren: Wenn man einen Patienten nach einem Selbstmordversuch wieder ins Leben zurückholt, in der Überzeugung, daß er in krankhaftem Zustand, aus Irrtum oder zu Unrecht sein Leben beenden wollte, dann muß man ihm auch weitere Lebenshilfe bieten. Den Patienten nach Wiederherstellung der körperlichen Verfassung weggehen lassen, ohne daß man Versuche unternommen hat, ihm auf persönlicher Ebene zu helfen, scheint mir eine in jedem Fall medizinisch-ethisch völlig unverantwortliche Handlungsweise zu sein.

4.2 *Ethik der erwähnten Herzoperation*

Bevor wir weiter über Sterbenshilfe sprechen, muß ich zuerst noch einmal kurz auf das Beispiel zurückkommen, mit dem ich dieses Kapitel begonnen habe. Es paßt in den Rahmen dessen, was wir jetzt besprechen, und bildet einen Übergang zu der Frage nach Sterbenshilfe. Was kann, darf oder muß hier, ethisch gesehen, getan werden?
Als während der Operation das Herz endgültig aussetzte, gab es global genommen vier Möglichkeiten:
1. Die Herz-Lungen-Maschine abstellen, so daß der Patient einige Minuten später tot wäre;
2. den Patienten aus der Narkose holen, ihn über seinen Zustand unterrichten und ihn eventuell um Zustimmung bitten für die Entnahme seiner Nieren, dann die Herz-Lungen-Maschine abstellen, wonach wiederum der Tod bald eintreten würde;

3. den Patienten nicht wieder zu Bewußtsein kommen lassen, eventuell die Familie um Zustimmung für die Entnahme der Nieren bitten, die Nieren zuerst herausnehmen und erst dann die Herz-Lungen-Maschine abstellen;
4. den Patienten nicht zu Bewußtsein kommen lassen, die Herz-Lungen-Maschine abstellen und nach Feststellung des Gehirntodes die Nieren herausnehmen.

Es scheint mir nicht richtig, sich ohne weiteres für die erste Möglichkeit zu entscheiden in Anbetracht der Tatsache, daß zwei Menschen durch eine Nierentransplantation geholfen werden könnte.

Die zweite Möglichkeit, nämlich den Patienten zuerst aus der Narkose zu holen, scheint mir eine äußerst prekäre Angelegenheit zu sein. Das würde unwiderruflich mit sich bringen, daß man ihn über seinen Zustand und die schlechten Aussichten unterrichten müßte oder daß er dies selbst einsähe. Dies scheint mir unbarmherzig und grausam zu sein, weil die Annahme, er könne dies verkraften, meines Erachtens völlig irreal ist. Man könnte das nur in Betracht ziehen, wenn man die Gewißheit hätte, daß der Patient selbst dies per se möchte und verkraften könnte, zum Beispiel um noch bestimmte wichtige Dinge zu regeln. Aber auch das scheint mir nicht ausschlaggebend zu sein, weil man vernünftigerweise annehmen darf, daß ein Erwachsener allen Risiken Rechnung trägt, bevor er sich entschließt, sich einer so schweren Herzoperation zu unterziehen.

Dann bleiben noch die dritte und vierte Möglichkeit. Vorausgesetzt, daß alle anderen Dinge (Zustimmung u. dgl.) geregelt sind, kann man diese beiden Möglichkeiten in der folgenden Kernfrage zusammenfassen: Darf man die Nieren herausnehmen, bevor die Herz-Lungen-Maschine abgestellt und der Gehirntod eingetreten ist? Mit anderen Worten, wir stehen hier vor der Frage, welche Bedeutung dem Herzstillstand und dem Gehirntod im Ganzen der Todeskriterien zugeschrieben werden muß.

In ärztlichen Kreisen diskutiert man noch über den eigentlichen Inhalt des Begriffs „Gehirntod" und über die Kriterien, aufgrund derer er mit Sicherheit festgestellt werden kann. Aber immer mehr kommt man allgemein zu der Annahme: Wenn die Funktion des ganzen Gehirns total und irreparabel verlorengegangen ist, dann ist der Gehirntod eingetreten und kann der Mensch als gestorben betrachtet werden. Von diesem Augenblick an können lebensnotwendige Organe entnommen und für Transplantationen zur Verfügung gestellt werden (siehe „Darf die

Medizin, was sie kann?" 7, S. 213ff.; Schlußbericht der Kommission Organtransplantation desNiederländischen Roten Kreuzes).
In unserem Beispiel erscheint es auf den ersten Blick vertretbar, daß man in Anbetracht der ganzen Situation in diesem Fall zur Herausnahme der Organe übergehen darf, bevor die Herz-Lungen-Maschine abgestellt, das heißt bevor der Gehirntod eingetreten ist. Denn – so könnte man folgern – es macht für den Patienten doch keinen Unterschied mehr aus, und die in Frage kommenden Organe befinden sich in diesem Fall in einem viel besseren Zustand. Trotzdem scheint es mir, daß dies medizinisch-ethisch eine schwer oder besser unmöglich zu verteidigende Handlungsweise ist. Erstens: Dies käme der Entnahme von lebensnotwendigen Organen in einer Situation gleich, in der der Mensch als solcher noch nicht gestorben ist, sondern noch lebt, wenn auch mit sehr schlechten Aussichten. Faktisch würde dieser Entschluß eine Erklärung des Grundsatzes bedeuten: Wenn ein Patient lebt, aber sehr bald tot sein wird, darf man jetzt schon zur Entnahme von lebensnotwendigen Organen übergehen. Das ist unvertretbar. Zweitens: Diese Handlungsweise steht nicht nur im Widerspruch zum medizinischen Todeskriterium und zum medizinischen Begriff vom Menschen, sondern auch zu dem Begriff vom Menschen, wie er in unserer Kultur herrscht und normierend ist. In einem Menschen, der – wenn auch an die Herz-Lungen-Maschine angeschlossen – in jedem gewünschten Augenblick zu Bewußtsein gebracht werden kann, so daß wir mit ihm reden können, erkennen wir in Wirklichkeit einen lebendigen Mitmenschen. Die Entnahme von lebensnotwendigen Organen ist dann ein Verstoß gegen das Leben und die Person dieses Mitmenschen.
Soweit ich die Frage übersehen kann, scheint es mir daher notwendig zu sein, auch in diesem Fall die Feststellung des völligen und bleibenden Gehirntodes abzuwarten, bevor man zu der Entnahme der Organe zwecks einer Transplantation übergeht (was in diesem Fall auch geschehen ist). Wobei vielleicht zu allem Überfluß noch bemerkt werden darf, daß beim Abwarten die Maßnahmen getroffen werden dürfen, die für den optimalen Zustand der zu verpflanzenden Nieren notwendig sind.

4.3 *Recht auf Sterbenshilfe*

In der Broschüre „Medische macht en medische ethiek" hat van den Berg die Probleme um Leben und Tod von neuem zur Debatte gestellt.

Manche sehen darin nur eine harte und ziemlich provozierende Problemstellung, die meisten aber verstehen sie als die Verteidigung einer neuen medizinischen Ethik mit neuen medizinisch-ethischen Normen. In diesem Sinn will ich versuchen, seinem Gedankengang zu folgen, soweit mir das möglich ist.

Van den Berg zeigt, daß die Ärzte gerade durch die stets zunehmende ärztliche Macht oft ohnmächtig dastehen, wenn sie ihren Patienten auf echt menschlicher Ebene beistehen müssen. Diese Ohnmacht ist vor allem der alten Ethik zuzuschreiben, die durch ihre Grundnorm „Ehrfurcht vor dem Leben schlechthin" in der heutigen Situation notwendig zu Unmenschlichkeit führen muß. Die absolute Forderung nach Ehrfurcht vor dem Leben schlechthin, verbunden mit dem großen medizinisch-technischen Möglichkeiten, hat dazu geführt, daß das Leben von Menschen in vielen Fällen sinnlos verlängert wurde. Nach der Beschreibung einer Anzahl von Beispielen kommt van den Berg zu folgendem Schluß: Wenn menschliches Leben sinnlos ist oder sein wird, hat der Arzt nicht nur das Recht, von weiteren Versuchen zur Lebenserhaltung abzusehen, sondern auch das Recht und sogar die Pflicht, dieses Leben durch eine tödliche Injektion zu beenden. Das entscheidende Urteil kann vom Patienten ausgesprochen werden, aber oft (zum Beispiel bei mißgebildeten neugeborenen Kindern oder bei alterschwachsinnigen Kranken) muß die Entscheidung vom Arzt getroffen werden, eventuell nach Beratung mit Eltern, Kindern oder einer kleinen Kommission.

Obwohl dies eine sehr harte Lehre ist, bin ich in vielen Punkten mit van den Berg einer Meinung. Die Mündigkeit und die wirklichen Belange des Patienten bilden in der Tat die Grundnorm des ethischen Handelns. Deshalb muß auch die Beziehung zwischen Arzt und Patient durch Dialog und Beratung gekennzeichnet werden, wobei das letzte Wort dem Patienten zusteht. Van den Berg erklärt meines Erachtens auch völlig zu Recht, daß die medizinisch-technische Macht über das körperliche Leben zum Unrecht gegenüber dem menschlichen Leben als solchem geführt hat. Wir müssen in der Tat noch besser erfassen, daß es um menschliches, das heißt sinnvolles Leben geht, und auch die Konsequenzen daraus zu ziehen wagen. Obwohl die von ihm beschriebenen Beispiele hier und da anfechtbare Punkte enthalten, kann ich mich mit seinem Grundgedanken einverstanden erklären: Es kommt tatsächlich vor, daß das Leben von Menschen sinnlos verlängert wird. Aber bei der Folgerung, die van den Berg aus diesen Fakten zieht, trennen sich unsere Wege. Er folgert nämlich: In solchen Fällen hat der Arzt das Recht und die Pflicht, zu töten. Diese Folgerung scheint mir nicht gerechtfertigt zu sein. Aus dem Vorausgegangenen kann meines Erachtens nur diese Schlußfolgerung gezogen werden: *Wenn eine Verlängerung des körperlichen Lebens sinnlos ist im Hinblick auf die menschlichen Aspekte dieses Lebens, dann muß man von diesen Versuchen zur Lebenshilfe absehen und die ganze Aufmerksamkeit und Sorge auf die tiefer gelegene Bedeutung von Lebenshilfe richten, nämlich: dem betreffenden Menschen helfen, mit dieser Lebenssituation fertig zu werden. Faktisch wird es oft darauf hinauslaufen, daß Sterbenshilfe gegeben wird.*

4.31 *Sterbenshilfe*

Damit ist zugleich schon angedeutet, daß es eigentlich nicht ganz richtig ist, von Lebenshilfe und Sterbenshilfe zu sprechen, als wären das zwei ganz verschiedene Dinge. Sterbenshilfe ist im Grunde nichts anderes als Lebenshilfe, aber in einer bestimmten Phase des Lebens. Es ist also durchaus richtig, von Sterbenshilfe zu sprechen, aber dann in der soeben erwähnten Bedeutung: Lebenshilfe, die eine bestimmte Nuancierung erhält durch die Lebensphase, in der sie geboten wird.
Deshalb braucht es auch nicht mehr besonders bewiesen zu werden, daß ein Mensch Recht auf Sterbenshilfe hat. Die ethische Grundhaltung gegenüber dem Patienten bleibt dieselbe. Aber wenn der Augenblick gekommen ist, da man sagt: „Gott allein kann hier noch helfen", „bei Gott ist alles möglich" oder „wenn nicht ein Wunder geschieht ...", dann wird die konkrete Aussage dieser Grundnorm anders, nämlich: dem Kranken helfen, er selbst zu sein in seinem Sterben als Mensch oder – wie Rilke es ausgedrückt hat – „seinen eigenen Tod" zu sterben. Es geht darum, in einer solchen Weise bei dem Sterbenden zu sein, daß er er selbst wird. Anders ausgedrückt: daß er zu dem Bewußtsein kommt, wer er nun eigentlich ist und sein will, und zugleich die Überzeugung gewinnt, daß seine letzte Lebensphase der Mühe wert ist, gelebt zu werden (Leshan 1969). Das Verhältnis zwischen Sterbendem und Helfer muß daher durch ein gemeinsames Hören und Suchen nach der Offenbarung über den Sinn des Lebens und somit auch des Sterbens gekennzeichnet sein (Berger 1971).
Zusammenfassend kann man sagen: Lebenshilfe ist auf die Selbstverwirklichung des Menschen gerichtet, das heißt darauf, daß er die optimalen Möglichkeiten hat und über die optimalen Möglichkeiten

verfügt, sein eigenes Leben so gut wie möglich zu leben. Sterbenshilfe ist auf die Selbstverwirklichung des Menschen gerichtet, das heißt darauf, daß er die optimalen Möglichkeiten hat und über die optimalen Möglichkeiten verfügt, selbst seinen eigenen Tod zu sterben. Wie der andere an mich appellieren darf um Lebenshilfe, so darf er an mich appellieren um Sterbenshilfe.

4.32 *Geduld*

Gilt schon für die Lebenshilfe, daß sie oft durch Ungeduld bedroht wird, so gilt dies um so mehr für die Sterbenshilfe. Diese letzte Lebensphase zu bewältigen, ist für den betreffenden Menschen an sich schon viel schwieriger. Es ist für den Helfer naturgemäß auch schwieriger, sich in die Gefühle des Sterbenden einzuleben, als sich in die Gefühle dessen einzuleben, der sein Leben erst aufbaut. Die größte Schwierigkeit aber liegt in dem Gefühl der Ohnmacht beim Helfer, wenn es um folgende Fragen geht: eine Beziehung zum Sterbenden herzustellen, mit ihm Gespräche zu führen, über seine Empfindungen und über die Bedeutung des Todes mit ihm zu sprechen. *Dieses Gefühl der Ohnmacht ist die größte Bedrohung unserer Geduld, auf solche Weise bei dem anderen zu sein, daß er in seinem Sterben wirklich er selbst sein kann.* Es ist deshalb durchaus verständlich, daß zum Beispiel Medizinstudenten und Krankenpfleger stöhnen: Sterbenden beizustehen, ist viel schwerer zu lernen, als Lebenden beizustehen. Daran ist vieles wahr, aber dem steht gegenüber, daß sich dies von der Erfahrung her gesehen durchaus „lernen" läßt. Im übrigen bin ich persönlich davon überzeugt, daß die Sterbenshilfe, die wir geben, der beste Testfall ist, um für uns selbst zu erforschen, wie es um unsere faktischen Möglichkeiten zur Lebenshilfe bestellt ist.

4.4 *Bedürfnis nach Sterbenshilfe*

Bevor wir dieses Kapitel beschließen, noch eine letzte Frage, die man wie folgt formulieren könnte: Dieses Reden über Recht auf Sterbenshilfe und Pflicht zur Sterbenshilfe ist gut und schön, aber wozu dient es, wenn die meisten Menschen überhaupt kein Bedürfnis nach Sterbenshilfe haben?

Dies scheint nämlich der Fall zu sein. Es gibt viele Menschen, die von ihrem eigenen Tod hoffen, daß er sehr schnell erfolgen wird und daß nur wenige davon wissen. Viele andere wollen einfach nicht wahrhaben, daß sie bald sterben müssen, und begeben sich – so glauben sie zumindest – ständig auf die Flucht, wenn Zeichen in diese Richtung weisen. Und wieder andere kämpfen in aggressiver Weise bis zum äußersten gegen den nahenden Tod und wollen keine Gespräche über die Vorbereitung darauf.

Wenn wir einer Gruppe von Menschen die Frage vorlegen, ob ein Bedürfnis nach Information über das Sterben und nach Hilfe zum Sterben besteht, dann erfahren wir meist Folgendes: Ein Teil der Gruppe sagt nein und beweist auch anhand von Beispielen, wie sehr Patienten unter dieser gebotenen Information und Hilfe gelitten haben. Der andere Teil der Gruppe sagt ja und beweist ebenfalls mit Beispielen, wie sehr sich diese Information und Hilfe als ein Segen erwiesen haben. Wenn man in dieser Art argumentiert, kommt man meist keinen Schritt weiter. Zum Glück verfügen wir über die Ergebnisse von Untersuchungen, die von Ärzten, Psychologen und Pastoren angestellt wurden, aus denen einwandfrei hervorgeht, daß bei sehr vielen Sterbenden durchaus ein Bedürfnis nach Sterbenshilfe vorhanden ist. Ich will nur einige davon erwähnen.

Hinton (1967) stellte bei einer Befragung fest, daß 80 Prozent der (potentiellen) Patienten über den nahenden Tod informiert werden wollen, während 85 Prozent der Ärzte dieser Patienten nicht bereit sind, diese Information und die dazugehörige Sterbenshilfe zu geben. Michels (1969) berichtet, daß 56 von den 60 Patienten, denen diese Information und Sterbenshilfe gegeben wurde, imstande waren, dadurch besser ihren eigenen Tod zu sterben. Sehr bekannt ist die Untersuchung von Elisabeth Kübler-Ross (1970): Bei praktisch allen Patienten, mit denen Theologiestudenten ein Gespräch über ihren nahen Tod führten, zeigte sich ein enorm großes Bedürfnis und Dankbarkeit für die gebotene Möglichkeit, ihre diesbezüglichen Ängste, Zweifel und Unsicherheiten auszusprechen. Ähnlich lautende Auffassungen findet man u. a. bei Ansohn (1968), Bowers u. a. (1969), Schreuder (1970) und Berger (1968).

Wie dem auch sei, aufgrund von Untersuchungen und Erfahrungen anderer und aufgrund eigener pastoraler Erfahrung, bin ich persönlich davon überzeugt, daß mehr Menschen ein Bedürfnis nach Sterbenshilfe haben, als wir zu glauben geneigt sind. Die Kunst besteht nur darin, in diesem Punkt die Signale des betreffenden Patienten zu verstehen, das heißt, klar zu empfinden, was der Patient hinter seinem Sprechen, seinem Schweigen oder seinen Gesten an Gefühlen auszudrücken versucht. Darauf werden wir noch näher eingehen müssen, wenn wir darüber sprechen, was Sterbenshilfe ist.

5 Sterbenshilfe und Sterbensbeistand

Bis jetzt haben wir gesehen, daß Gesund- oder Kranksein ein Geschehen ist, von dem der Mensch als ganzer betroffen ist. Die Hilfe, die einem Patienten geboten wird, wird daher nicht nur durch das bestimmt, was für sein körperliches Leben notwendig oder erwünscht ist, sondern letztlich durch das, womit ihm ais Mensch gedient ist. Das impliziert für die mitmenschliche Pflicht zu Lebens- und Sterbehilfe: Sie muß darauf gerichtet sein, dem anderen zu helfen, damit er mehr und besser er selbst sein kann in seinem Leben und Sterben, oder anders gesagt, damit er selbst sein eigenes Leben und selbst seinen eigenen Tod sterben kann. Die ethischen Fragen, die in diesem Zusammenhang auftauchen, müssen in der Perspektive dieser grundlegenden ethischen Aufgabe gesehen werden. Und schließlich muß unsere Grundhaltung gegenüber dem anderen bei der Lebens- und Sterbenshilfe gekennzeichnet sein durch die Geduld, dem anderen die Möglichkeiten und Chancen zu bieten, tatsächlich er selbst zu sein.

Es liegt auf der Hand, daß wir uns jetzt näher mit der Frage beschäftigen, was Sterbenshilfe eigentlich bedeutet. Es herrscht zwar Einmütigkeit über die Auffassung, daß irgendwie Sterbenshilfe geboten werden muß. Eine ganz andere Frage ist, wie sie konkret erfolgen soll. Ich will daher einige Formen oder Möglichkeiten der Sterbenshilfe nennen und dann etwas ausführlicher über die optimale Form von Sterbenshilfe sprechen, nämlich den Sterbensbeistand.

5.1 *Formen der Sterbenshilfe*

Eine erste Form der Sterbenshilfe besteht in einer guten Pflege. Damit ist nicht gemeint, daß man „fachtechnisch perfekt verpflegt" wird. Das gehört zwar dazu, aber es geht vor allem um die menschlichen Aspekte dieser Pflege. Nicht selten hört man diesbezüglich von seiten der Krankenpfleger: Wir möchten dieser Aufgabe viel mehr Aufmerksamkeit und Zeit widmen, aber ebendiese Zeit fehlt uns einfach.

Wenn das stimmt, dann könnte das ein Anlaß sein, die pflegerische Struktur (vor allem der Krankenhäuser) noch einmal zu untersuchen, um zu sehen, ob darin keine Besserung geschaffen werden kann. Die menschlichen Aspekte der Pflege kommen manchmal am besten zur Geltung, wenn ein Kranker zu Hause liegt, obwohl diese Pflege fachtechnisch bisweilen mangelhaft ist. Im übrigen möge die Bemerkung von Elisabeth Kübler-Ross (1970) diesen Mangel ein wenig kompensieren: Ein paar Löffel von der alten vertrauten Suppe zu Hause tun einem Patienten manchmal besser als eine Infusion im Krankenhaus. Aber wie dem auch sei: Eine gute Pflege kann eine erste Form der Sterbenshilfe genannt werden, weil sie verschiedene Aspekte des Sterbens leichter und besser erträglich zu machen vermag.

Eine zweite Form der Sterbenshilfe besteht in der Bekämpfung körperlicher Leiden und Schmerzen. Durch Anwendung von Medikamenten kann ein Arzt allen Schmerz beheben oder zumindest sehr stark vermindern, und das ist eine sehr wichtige Sache (siehe Näheres bei Michels 1972).

Ferner: Die emotionalen Schmerzen wegen des Verlassens und des Abschieds von geliebten Menschen usw. können manchmal noch schlimmer sein als die körperlichen Schmerzen. Es ist sicher eine Form der Sterbenshilfe, wenn man versucht, derartige Schmerzen so gut wie möglich aufzufangen, indem man durch Freundlichkeit und Herzlichkeit im Umgang mit dem Kranken eine gute Atmosphäre schafft. Weniger geeignet als Sterbenshilfe ist oft jene bestimmte Form von Freundlichkeit, daß man den Kranken „schont", indem man ihm das Schlimme seines Zustandes verschweigt.

Eine vierte Form von Sterbenshilfe kann in der Verabreichung von Psychopharmaka (beruhigenden und anregenden Mitteln) bestehen. Diese sind manchmal sehr wertvoll als Überbrückung zu einem wirklich inneren Bewältigen der emotionalen Probleme, die in der letzten Lebensphase auftreten können.

Es kann vorkommen, daß die Sterbenshilfe verlangt, von weiteren Versuchen, das körperliche Leben noch einige Zeit zu verlängern, abzusehen. In manchen Fällen dauert der Sterbensprozeß sehr lange, so lange, daß die Gefahr besteht, daß die betreffende Person ihm aufgrund dieser Langwierigkeit nicht mehr gewachsen ist. In dieser Situation kann es ethisch verantwortlich sein, noch einen Schritt weiterzugehen und eine eventuell auftretende tödliche Komplikation

nicht zu bekämpfen, was eine Beschleunigung des Todes zur Folge hat. Wie wir noch sehen werden, kann es im Interesse des Patienten erlaubt und sogar geboten sein, ihn an einer solchen neuen Komplikation sterben zu lassen. Die Anwendung passiver Euthanasie (denn um diese geht es hier) kann deshalb in bestimmten Fällen als eine gute Form der Sterbenshilfe bezeichnet werden.
Nur mit einiger Zurückhaltung möchte ich die aktive Euthansie als letzte Form der Sterbenshilfe nennen. Konsequent die Gedanken weiterführend, die ich in Kap. 3 dargelegt habe und die ich in Kap. 8 noch darlegen werde, glaube ich sagen zu dürfen: In Ausnahmefällen kann mit dem nötigen Vorbehalt sogar die Mitwirkung an aktiver Euthanasie als eine Form der Sterbenshilfe angesehen werden.
Alle diese Formen der Sterbenshilfe tendieren – falls sie richtig angewandt werden – schon auf das hin, was charakteristisch für die Lebenshilfe in der letzten Phase ist: dem Menschen helfen, im Sterben seines eigenen Todes er selbst zu sein. Wenn dieser Aspekt ganz zur Geltung kommen soll, dann muß die Sterbenshilfe noch viel ausdrücklicher auf persönlicher Ebene, das heißt in dem Kontakt von Mensch zu Mensch, stattfinden. Das geschieht nur in jener Form der Sterbenshilfe, die wir als Sterbensbeistand bezeichnen möchten.

5.2 *Sterbensbeistand*

Es ist äußerst schwierig, eine klare und für jeden akzeptable Definition von Sterbensbeistand zu geben. Es fragt sich auch, ob eine solche Definition überhaupt möglich ist. Es scheint mir daher besser, zu beschreiben, was konkret Sterbensbeistand ist. Das möchte ich jetzt tun.
Sterbensbeistand als optimale Form der Sterbenshilfe besteht darin:
1. daß man über den tödlichen Verlauf der Krankheit und die Gefühle der Unsicherheit, Angst, Aufsässigkeit, Einsamkeit und des Kummers, der damit verbunden ist, mit dem Kranken spricht;
2. daß man eine Beziehung zu dem Kranken herstellt, in der ehrliche, offene Gespräche geführt werden, durch die wir in solcher Weise bei dem Sterbenden sind, daß dieser auf persönlicher Ebene – vor allem emotional gesehen – mit seinem Sterben fertig werden und seinen eigenen Tod sterben kann.
Allein von dieser Form von Sterbenshilfe kann man sagen, daß sie Sterbensbeistand im vollen Sinn des Wortes ist. Die obengenannten Formen der Sterbenshilfe sind meines Erachtens nur sinnvoll als Hilfsmittel im Rahmen eines wirklichen Sterbensbeistandes oder notfalls als Ersatz, wenn dieser letztere nicht möglich ist.

Ich bin mir klar darüber, daß Sterbensbeistand in einer Anzahl von Fällen nicht möglich ist, entweder weil der Tod abrupt kommt oder weil der Patient aus irgendwelchen Gründen einem bewußten Sterben nicht gewachsen ist. Aber es bleiben noch sehr viele Patienten übrig, die einen langwierigen Sterbensprozeß durchmachen müssen. Und es sieht so aus, als ob dies in Zukunft noch häufiger der Fall sein wird.

5.3 *Schwierigkeiten und Fragen*

Sterbensbeistand mag auf den ersten Blick einfach erscheinen, aber in der Praxis löst er doch sehr viele Schwierigkeiten und Fragen aus, zu viele, um sie hier alle einzeln behandeln zu können. Ich will mich deshalb auf einige Punkte beschränken, die oft von denen zur Diskussion gestellt werden, die beruflich oder aus sonstigen Gründen mit Sterbenden in Kontakt kommen.

5.31 *Der Aufbau der Beziehung*

Eine Bemerkung, die in diesem Zusammenhang sehr oft gemacht wird, ist folgende: Ja, aber wie kann man denn zu allen Patienten eine solche persönliche Beziehung herstellen, wie sie für einen guten Sterbensbeistand notwendig ist? Diese Schwierigkeit ist nicht so groß, wie man annehmen könnte. Wenn einer der nächsten Angehörigen oder Freunde den Sterbensbeistand auf sich nimmt, dann ist selbstverständlich schon eine Beziehung vorhanden. Wenn es einer von denen ist, die beruflich mit dem Kranken umgehen, dann ist es auch nicht so schwierig, eine weitere persönliche Beziehung herzustellen. Denn es besteht dann schon eine funktionale Beziehung, die neben den rein sachlichen Aspekten schon persönliche Aspekte umfaßt (zumindest, wenn sie in Ordnung ist). Jedenfalls ist damit dann schon ein Ansatzpunkt für den weiteren Ausbau einer Beziehung gegeben.

Ein anderer, meines Erachtens wichtigerer Punkt hinsichtlich der Beziehung zu dem Sterbenden ist folgender: Um eine persönliche Beziehung herstellen zu können, ist es nicht nur notwendig, daß derjenige, der hilft, den Sterbenden kennt, sondern daß er auch und vor allem sich selbst kennt. Wenn der Helfer sich selbst und seine eigenen Gefühle nicht kennt und diese in der Beziehung zu dem Sterbenden nicht anzuwenden versteht, wird das zweifellos einen negativen Einfluß ausüben. Die Tatsache, daß jene, die beruflich oft mit Sterbenden in Berührung kommen, dies während ihrer Ausbildung nicht gelernt haben, ist keine Entschuldigung, es nicht noch und zwar „in der Praxis“ zu lernen.

5.32 *Wer muß Sterbensbeistand leisten?*

Nachdem die Überzeugung immer mehr an Boden gewinnt, daß Sterbensbeistand geboten werden muß, müssen wir selbstverständlich auch darüber sprechen können, wer dies tun muß. Es hat ganz den Anschein, als wollten die verschiedenen Gruppen von Personen, die dafür in Betracht kommen, in diesem Punkt keine Alleinrechte für sich beanspruchen, sondern diese Aufgabe gern anderen überlassen.

Man könnte sagen, daß der behandelnde Arzt die am ehesten in Betracht kommende Person ist, weil er in der Gesamtsorge für den Kranken die am meisten verantwortliche Person ist. Es gibt aber auch Gründe dafür, zu sagen, daß die Krankenschwester (der Krankenpfleger) dazu besser imstande ist, weil sie (er) viel mehr beim Patienten ist als der Arzt. Die schon bestehende Beziehung könnte Anlaß sein, einen der nächsten Angehörigen oder engen Freunde dem Patienten diesen Dienst erweisen zu lassen. Schließlich sprechen viele Argumente dafür, den Sterbensbeistand als eine Aufgabe für den Pastor anzusehen: Denn die Hilfe bei der Bewältigung von Existenzfragen gehört ja gerade zum Kern seiner pastoralen Aufgaben. Es ist leicht, für die genannten vier Gruppen noch einige zusätzliche Argumente zu finden; aber es würde dann doch genauso schwierig bleiben, eine Wahl zu treffen und einen endgültigen Standpunkt zu bestimmen.

Zum Glück brauchen wir das nicht zu tun, weil es nicht unsere Angelegenheit ist. Der einzelne Patient bestimmt, von wem er geholfen haben will. Seine Wahl kann auf eine Person aus den vier Gruppen fallen, je nach seinen Gefühlen hinsichtlich der Frage, in wen er das meiste Vertrauen im Hinblick auf die Hilfe setzt. In den meisten Fällen wird ein Patient das nicht ausdrücklich formulieren. Es ist daher um so notwendiger, daß jene, die mit Schwerkranken umgehen, die Signale in Wort oder Gebärde des Patienten hören und verstehen. Wie wir noch sehen werden, sind hierbei Beratung und Zusammenarbeit unentbehrlich.

Manchmal wird die Frage gestellt, ob es nicht dringend erwünscht sei, spezielle „Sterbenshelfer“ auszubilden, die in den Krankenhäusern als solche angestellt werden sollten. Ich neige persönlich dazu, diese Frage mit Nein zu beantworten. Gegen diese Art von Sterbenshelfern habe ich verschiedene praktische Einwände, unter anderem den, daß sie in einer zu sehr isolierten Funktion als Sterbenshelfer zu einem Kranken kämen und allein schon dadurch eine Bedrohung wären. Mein Haupteinwand liegt aber darin, daß dadurch diejenigen, die den Kranken normalerweise umgeben, diese Aufgabe von sich schieben und somit dem Patienten keine wirkliche Wahl mehr bleibt, den aus seiner Umgebung zu wählen, zu dem er das meiste Vertrauen hat.

5.33 *Sich in die Gefühle des Sterbenden einleben*

Im Anschluß daran muß ich an die oft geäußerte Bemerkung denken: Wie kann man sich denn in die Gefühle eines Sterbenden einleben, denn man ist ja oft selbst noch nicht fertig mit diesen Problemen?
Das ist tatsächlich eine große Schwierigkeit, aber sie ist nicht unüberwindlich. Denn es ist nicht erforderlich, daß wir selbst mit den Problemen fertig sind, bevor wir einem anderen helfen können. Was der Sterbende braucht, ist nicht *unsere* Auffassung von Tod und Sterben, sondern Hilfe, um selbst eine Sicht auf sein eigenes Sterben zu gewinnen. Womit ihm in erster Linie geholfen ist, ist unsere Bereitschaft, uns mit ihm auf den Weg zu machen. Wir sind vielleicht nur dann imstande, dem Sterbenden wirklich über seine Unsicherheiten und Ängste hinwegzuhelfen, wenn wir mit unserer eigenen Unsicherheit und Angst das Wagnis unternehmen, gemeinsam mit dem Sterbenden zu lauschen und zu suchen. Die Erfahrung des Sterbenden, daß auch wir unsicher, furchtsam, kleinmütig und kleingläubig sind, schafft für ihn vielleicht gerade die Sicherheit und das Vertrauen, daß er in seinem Sterben nicht allein gelassen wird.
Im übrigen habe ich den Eindruck, daß der soeben gemachte Einwand mit einem anderen zusammenhängt, und zwar mit folgendem: Wenn ich mit einem todkranken Patienten rede, dann weiß ich oft nicht, was ich sagen soll. Das hängt mit der allgemein verbreiteten Auffassung zusammen, daß wir Menschen, die mit diesen Problemen ringen, „es“ oder zumindest „etwas“ sagen müssen. Das ist nicht richtig. Sogar ausdrückliche Fragen sind in sehr vielen Fällen nicht als eine Bitte um eine Antwort gemeint, sondern als Ausdruck eines Empfindens. Was von dem Helfer erwartet wird, ist daher nicht primär, daß er „etwas sagt, wovon der Sterbende etwas hat“, sondern daß er sich in das Gefühl einlebt, das geäußert wurde. Es scheint

nicht überflüssig, dem hinzuzufügen: Sogar die sogenannten negativen Gefühle der Angst, der Aufsässigkeit, des Kummers usw. dürfen und müssen oft bejaht werden. Die in unserer Kultur häufige Forschheit im Sinne von „komm, komm, tapfer sein, nicht zimperlich sein“ ist durchaus nicht die beste Art, derart wirklich menschliche Gefühle richtig zu verarbeiten.

In dem Buch „Ein sanfter Tod“ beschreibt Simone de Beauvoir das Sterben ihrer eigenen Mutter. Sie erzählt, wie sehr sie selbst und ihre Schwester darauf aus waren, ihrer Mutter in dieser Periode die Hoffnung auf Wiedergenesung zu erhalten. Diese Sorge war so groß, daß sie dadurch ungerecht streng jede Äußerung von Gefühlen der Unsicherheit, des Zweifels oder der Angst unterdrückten: „Meine ungerechte Strenge tat mir weh. In diesem Augenblick, da die Wahrheit sie zerfleischte und da es für sie notwendig war, sich von ihr durch Worte zu befreien, verurteilten wir sie zum Schweigen. Wir zwangen sie, ihre Angst zu verschweigen, ihren Zweifel zurückzudrängen. Sie fühlte sich – wie so oft in ihrem Leben – schuldig und nicht verstanden.“

Aus diesem Zitat spricht überdeutlich, was ich sagen will: Wir müssen den Sterbenden die Möglichkeit lassen und sogar positiv anbieten, ihre Gefühle zur Sprache zu bringen. Das ist nicht nur wichtig als Hilfe zur Bewältigung ihrer Gefühlsprobleme, sondern auch um sie erfahren zu lassen, daß sie in dieser Problematik nicht allein gelassen werden. Die Weigerung unsererseits bedeutet unwiderruflich, daß wir den Sterbenden zurückstoßen in eine totale Einsamkeit, während gerade in dieser Zeit das Bedürfnis nach menschlichem Kontakt sehr groß ist. Obwohl wir derartige Gespräche des Sterbenden oft mit den besten Absichten abschneiden, laufen wir dadurch tatsächlich Gefahr, daß wir den Sterbenden gesellschaftlich schon für tot erklären, bevor er gestorben ist.

5.34 *Letztlich doch allein?*

Die vorausgegangenen Darlegungen könnten den Eindruck erwecken, daß Sterbenden beizustehen eine leichte Sache sei. Ich beeile mich zu erklären, daß es keineswegs meine Absicht war, dies zu behaupten. Auch nach den Antworten auf die genannten Einwände bleibt die Sterbenshilfe äußerst schwierig. Vor allem wenn ein Sterbensprozeß sehr lange dauert und der Sterbende nur mühsam in der Ergebung in das Geschehen Fortschritte macht, kann der Helfer von einem Gefühl der Ohnmacht befallen werden. Dieses Gefühl kann ihn manchmal mutlos machen, weil das ganze Zusammensein mit dem Sterbenden nicht zu verhindern vermag, daß dieser letztlich doch allein wird sterben müssen.

Man kann darauf natürlich antworten: Man stirbt zwar nicht selbst, aber man kann mitsterben, wie man auch mitleben und mitlieben kann. Das ist in der Tat richtig, aber es hebt die Tatsache nicht auf, daß Sterbenshilfe nie so sein kann, daß man das Sterben vom Sterbenden übernimmt; daß man sozusagen für diesen anderen stirbt. Unsere Hilfe kann und darf nur bewerkstelligen, daß der andere imstande ist, selbst seinen eigenen Tod zu sterben. Und das bedeutet zwangsläufig, daß er bis zu einem gewissen Grad allein sterben muß.

Aber das ist etwas, was nicht nur der Sterbenshilfe eigen ist. Im Gegenteil, dasselbe gilt für alle Lebenshilfe, selbst für jene, die Liebeshilfe ist. Ich meine folgendes: In der Lebenshilfe, die in einer überaus starken Liebesbeziehung geboten wird, scheint es zwar so zu sein, daß man alles gemeinsam ist und tut, aber das ist nur zum Teil richtig. Auch dieses beieinander und füreinander eine Hilfe sein bedeutet, dem anderen in Liebe helfen, so daß er er selbst sein kann, das heißt, daß er letztlich und im tiefsten Kern seiner Persönlichkeit den Mut hat, zu leben und zu lieben. So miteinander leben, lieben und sterben ist eine Entscheidung, die jeder Mensch letztlich selbst, also auch allein trifft. Der Versuch, dem anderen dabei so zu helfen, daß wir dessen allerpersönlichste Entscheidung zum Leben, Lieben und Sterben von ihm übernehmen, würde bedeuten, daß wir mit all unseren guten Absichten dem anderen Gewalt antun. Hilfe zum Leben, zur Liebe und zum Sterben ist nur dann gut, wenn sie dazu führt, daß der andere ganz er selbst sein, das heißt, sein eigenes Leben selbst leben, seine Liebe selbst realisieren und seinen eigenen Tod selbst sterben kann.

Wir können das Gefühl, allein zu sein, das mit dem Gefühl zusammenhängt, alles und alle zurücklassen zu müssen, dem Sterbenden nicht abnehmen. Aber wenn wir diese Gefühle in einer guten Beziehung und in ehrlichen Gesprächen mit ihm teilen, können wir sie zweifellos so durchbrechen, daß durch dieses Zusammensein das Alleinsein erträglich wird.

5.4 *Die Ohnmacht hinsichtlich des Sterbensbeistandes*

Wir könnten mit der Behandlung der verschiedensten konkreten Schwierigkeiten und Fragen, die sich hinsichtlich des Sterbensbeistandes aufdrängen, noch lange weiter fortfahren. Aus Gesprächen mit Ärzten, Krankenschwestern, Pfarrern und anderen, die zufällig mit Sterbenden zu tun hatten, ist mir klargeworden, daß dies sehr reale Fragen sind. Deren Beantwortung im Sinne des vorhin Gesagten hat ihnen oft einige Klarheit und ein bißchen Halt in ihrer Arbeit gegeben. Wenn man aber tiefer auf die Dinge eingeht, dann zeigt sich doch sehr oft, daß ein viel tiefer liegendes Gefühl der Ohnmacht gegeben ist, das einen wirklichen Versuch zum Sterbensbeistand blockiert. Im ganzen äußert sich dieses Gefühl der Ohnmacht auf dreifache Art: in den Schwierigkeiten der Wahrheitsmitteilung und in den darauf folgenden Gesprächen, in der Schwierigkeit, dem Tod einen positiven Sinn zu geben, und in der Bitte um Euthanasie. Es scheint mir daher notwendig, diese drei Punkte noch gesondert zu behandeln.

6 Ohnmacht hinsichtlich Wahrheitsmitteilung und Gespräch

Bevor wir einige Gedanken über diese beiden Punkte formulieren, möchte ich bemerken, daß man die Information über den wahren Zustand des Kranken nicht von dem Ganzen des Sterbensbeistandes isolieren darf. Es ist nicht so, als ob zuerst diese Wahrheitsmitteilung erfolgen müsse und dann erst der Sterbensbeistand beginnen könne. Das Gespräch über den wahren Zustand des Kranken und den wahrscheinlich oder sicher schlechten Verlauf sollte eigentlich erst dann geschehen, wenn der Sterbensbeistand schon begonnen hat. Ein solches Gespräch greift ja so tief in die Daseinssituation des betroffenden Menschen ein, daß derjenige, der diese Wahrheit ausspricht, schon eine gewisse Beziehung zu den Patienten aufgebaut haben muß. Wenn die Möglichkeit zu Gesprächen und zum Aufbau der Beziehung bis zu diesem Augenblick gefehlt hat, dann muß man jedenfalls dafür Sorge tragen, daß man sich in dem bewußten Gespräch die Zeit nimmt, um die funktionale Beziehung zu einer persönlichen werden zu lassen.

6.1 *Die Wahrheitsmitteilung*

Nach der Feststellung, daß die Wahrheitsmitteilung an den Sterbenden und die Hilfe für den Sterbenden nicht voneinander getrennt werden dürfen, ist es angebracht, beide Dinge für sich näher zu betrachten.
Die Wahrheitsfrage über Gesundheit und Krankheit ist eine sehr umstrittene Frage. Sie spielt nicht nur beim Sterbensbeistand, sondern auch sehr ausdrücklich im Verhältnis zwischen Arzt und Patient ganz allgemein eine Rolle. Heute wird sie oft auch im Zusammenhang mit der Mündigkeit des Patienten und seinen Rechten auf Einspruch bei der vorzunehmenden Behandlung zur Sprache gebracht. Im Rahmen dieser Schrift ist es nicht möglich, sie ausführlich zu behandeln. Ich beschränke mich daher auf einige Punkte.

6.11 *Wahrheitsmitteilung ganz allgemein*

Die Wahrheit, von der hier die Rede ist, ist keine rein objektive Wahrheit über eine unpersönliche Sache. Die Wahrheitsmitteilung hat

einen sehr starken persönlichen Aspekt: Sie kann eine Botschaft von Leben und Glück, von Befreiung aus Angst und Unsicherheit, von Leid und Sterben sein. Das bringt es mit sich, daß man nicht ohne weiteres den Grundsatz aufstellen kann: Allen Patienten muß immer die ganze Wahrheit gesagt werden, sondern man muß der Frage Rechnung tragen, wieweit man dem Patienten wirklich hilft. Dabei spielen viele Faktoren eine Rolle (siehe Hillen 1970).
Das macht es für die Praxis nicht leicht. Es ist nicht möglich, Faustregeln aufzustellen, denn dafür ist die Situation bei den einzelnen Patienten zu verschieden. Im übrigen sind detaillierte Regeln auch nicht wichtig. Worum es geht, ist die Haltung, von der aus man an die Frage herantritt. Der Ausgangspunkt für die Problemstellung und für das Suchen nach der rechten Handlungsweise ist meines Erachtens folgender: Der Patient hat ein Recht darauf, die Wahrheit zu erfahren. Dieses Recht muß verwirklicht werden, außer wenn sich ausdrücklich zeigt, daß er die Botschaft nicht ertragen kann. Ethisch gesehen scheint mir dieser Standpunkt den Vorzug zu verdienen vor dem entgegengesetzten: nichts sagen, es sei denn ausdrücklich bewiesen, daß der Patient es ertragen kann und ihm damit gedient ist.

6.12 *Wahrheitsmitteilung über das Sterben*

Wenn Leben oder Tod auf dem Spiel stehen, gilt das Recht des Patienten, die Wahrheit zu wissen, doppelt stark. Aber hier sind auch doppelt soviel Motive zu bedenken, um zu beweisen, daß das Wohl des Patienten dies verbietet. Es dürfte aber inzwischen klar sein, daß dies kein Zeichen bösen Willens ist, sondern der Ohnmacht, es auf eine solche Art zu tun, daß der Patient diese Wahrheit ertragen und der Helfer (Arzt, Krankenschwester, Angehörige, Pastor) den darauf notwendig folgenden Sterbensbeistand leisten kann.
Vor allem für das Ertragen der Wahrheit über Leben und Tod ist die Art und Weise, wie diese Wahrheit mitgeteilt wird, ganz entscheidend. Die Erfahrung zeigt, daß man diese Wahrheit nicht „ungeschminkt" aussprechen und sie gewissermaßen wie einen Block auf den Weg des Patienten stellen darf. Er kann dann nicht mehr an ihr vorbei. Besser ist es, die Sterbenswahrheit sozusagen den Weg entlang zu stellen, so daß der Patient sie zwar sehen, aber auch seine Augen von ihr abwenden kann in den Momenten, in denen sie schreckenerregend auf ihn zukommt. Um ein anderes Bild zu verwenden: Man muß damit beginnen, den schlimmen Verlauf der

Krankheit als eine der vielen Möglichkeiten in das Gesichtsfeld des Patienten zu stellen, so daß sie allmählich in den Mittelpunkt des Gesichtsfeldes rücken kann. Kurzum: Eine Dosierung der Wahrheit kann deren Ertragen erleichtern. Das gilt sowohl für den Patienten als auch für den, der hilft.

6.13 *Wer darf oder muß es sagen?*

Der Arzt nimmt in der Gesamtsorge für den Patienten die zentrale und verantwortlichste Stelle ein. Es liegt auf der Hand, daß er auch in dieser Sache die größte Verantwortung trägt und nach dem Empfinden vieler auch die am besten geeignete Person ist, den Patienten zu informieren.

Hierzulande sind die Ärzte aber im allgemeinen sehr zurückhaltend in diesem Punkt, nicht selten wegen wenig positiver Erfahrungen. In diesem Zusammenhang hat Berger (1968) wiederum auf das Phänomen der „middle knowledge“ hingewiesen, das heißt auf ein Wissen um den Tod zwischen einem sicheren Wissen und der Flucht, zwischen Verzweiflung und Hoffnung, zwischen dem Wollen, die Tatsachen hinzunehmen, und dem Nichtkönnen. Anderseits ist es nicht unwahrscheinlich, daß die Haltung der Ärzte durch die Schwierigkeit beeinflußt wird, von der Bekämpfung von Krankheit und Tod auf die Hinnahme des Todes umzuschalten. Das ist ihnen während ihrer Ausbildung nicht „beigebracht“ worden, und das gilt in noch stärkerem Maße für das Führen von Gesprächen. Nach einem Bericht des Nederlands Gespreks Centrum (1964) spielen dabei noch andere Faktoren eine Rolle: Manchmal identifizieren sich Ärzte so sehr mit dem zu behandelnden Patienten, daß das Einstellen der Versuche zur Lebenserhaltung ein Gefühl des Mißlingens und der Enttäuschung entstehen lassen kann. Ferner: Die noch nicht ganz bewältigte Angst vor dem eigenen Tod kann den Arzt dazu bringen, sein Heil in der Flucht zu suchen, wenn sich der nahende Tod seines Patienten ankündigt.

Aber wie dem auch sei, ich persönlich habe den Eindruck, daß sich unser aller Gefühl der Ohnmacht gegenüber diesem Problem in der Ohnmacht der Ärzte konzentriert und in ihrer Ablehnung, durch eine ehrliche Antwort an den Kranken den Sterbensbeistand ausdrücklicher stattfinden lassen. Diese Verweigerung kann in der Praxis der Krankenpflege manchmal eine nachteilige Folge haben: Dadurch wird zugleich (vor allem, wenn sie mit einem Verbot an andere verbunden ist!) der Weg der anderen blockiert, die mit dem

Patienten umgehen. Dies kann zu Nachteil für den Kranken und zu äußerst peinlichen Situationen für die anderen führen, vor allem für die Pflegekräfte oder den Pastor. Ohne damit die zentrale Stellung und Verantwortung des Arztes gegenüber dem Patienten antasten zu wollen, möchte ich dazu doch Folgendes bemerken: Wenn ein Patient nicht aufhört, nach seinem Zustand zu fragen, und der andere (wer auch immer) davon überzeugt ist, daß den Belangen des Patienten mit einer ehrlichen Antwort gedient ist, dann *darf* er diese Antwort geben, selbst gegen den Willen des Arztes. Selbstverständlich muß der betreffende Arzt darüber informiert werden. Es ist noch selbstverständlicher, daß diese Antwort so gegeben werden muß, daß dadurch das Vertrauensverhältnis zwischen dem Patienten und seinem Arzt nicht beeinträchtigt wird. Ich meine ganz konkret, es dürfe dann nicht gesprochen werden in der Art von: „Die Ärzte reden nur so daher, ich will es dir einmal ganz ehrlich sagen“, sondern in dem Sinn: „Soweit ich es übersehen kann, scheint mir, daß dein Zustand in der Tat sehr kritisch ist“ oder „allen Grund zur Besorgnis über den Verlauf gibt“. Würde durch eine falsche Art des Redens das Vertrauensverhältnis zum Arzt beeinträchtigt, dann würde man durch die Information im Interesse des Patienten demselben Interesse auf anderem Weg wieder ernsthaft schaden.

Es ist natürlich besser, Schaden zu verhindern als Schaden zu heilen. Der Weg zur Verhinderung und Lösung dieser Probleme (vor allem in den Krankenhäusern) scheint mir in einer besseren gemeinsamen Beratung und in einer klareren Absprache über die Frage zu liegen, wer mit dem Patienten den letzten Weg gehen soll. Entsprechend zu dem, was über den Sterbensbeistand gesagt wurde, gilt auch hier: Die Umstehenden brauchen und dürfen nicht von vornherein ausmachen, wer die Wahrheitsmitteilung machen soll. Das entscheidet der Patient. Diese Entscheidung wird hauptsächlich durch die Hoffnung und das Vertrauen bestimmt werden, das der Patient gegenüber jemand aus seiner Umgebung hat, von dem er – explizit oder implizit – Hilfe und Beistand erwartet.

6.2 *Die Gespräche*

Die Ohnmacht hinsichtlich des Sterbensbeistandes manifestiert sich noch deutlicher in der Ohnmacht hinsichtlich der Gespräche mit Sterbenden. Ich persönlich glaube bemerkt zu haben (bei mir selbst und bei anderen), daß dieses Gefühl der Ohnmacht vielleicht das stärkste Hemmnis für die oben besprochene Wahrheitsmitteilung bildet. Denn wir spüren spontan, daß diese letztere uns verpflichtet, danach auch bereit zu sein zu Gesprächen über das Sterben und den Tod. Mit diesen Gesprächen wissen sich viele keinen Rat, wie wir in Aussprüchen folgender Art feststellen können: „Ich weiß dann nicht, was ich sagen soll" oder „ich weiß in diesen Situationen mit mir selbst nichts anzufangen".

Die erste Aussage weist u. a. auf eine falsche Auffassung über diese Art von Gesprächen: Es geht nicht darum, Theorien darzulegen, und noch weniger darum, dem Sterbenden Ratschläge zu erteilen, wie er die Dinge sehen muß. Es geht in erster Linie darum, für den Sterbenden gleichsam eine Resonanz zu sein, so daß für ihn eine Möglichkeit geschaffen wird, seinen Gefühlen Ausdruck zu verleihen und sie dadurch besser zu verarbeiten.

Die zweite Aussage weist auch auf eine genauso reale wie wichtige Gegebenheit hin: Solche Gespräche zwingen uns, uns selbst und unsere eigenen Empfindungen mit in die Diskussion einzubringen. Eine ehrliche Beziehung zu einem Sterbenden herzustellen, zwingt den Helfer, das Risiko auf sich zu nehmen, daß er sich selbst wie ein ganz kleiner Junge erscheint, der nicht selten den Sterbenden lehrt, ein wenig mehr er selbst zu werden.

Ich möchte das nicht weiter ausführen. Ich möchte nur noch etwas näher beleuchten, wie sehr dieses Gefühl der Ohnmacht hinsichtlich der Gespräche mit Sterbenden die verschiedenen Umstehenden hindert, diese grundlegende ethische Pflicht zum Sterbensbeistand zu verwirklichen.

6.21 *Die Ärzte*

Bei der Behandlung der Ohnmacht hinsichtlich der Wahrheitsfrage habe ich fast ausschließlich von den Ärzten gesprochen, weil sie dabei eine sehr wichtige Rolle spielen. Für den Fall, daß dies vielleicht einen zu negativen Eindruck gemacht hat, möchte ich hinzufügen, daß sich in dieser Frage eine sehr positive Entwicklung abzuzeichnen beginnt. Das geht nicht nur aus Tatsachen wie dem inzwischen berühmt gewordenen Gespräch Dr. van der Meers mit einem Sterbenden hervor, sondern auch aus der allmählich in Gang kommenden Zusammenarbeit zum Beispiel zwischen Ärzten und Pastoren auf diesem Gebiet. Die Fluchthaltung einer Anzahl von Ärzten finden wir übrigens bei den anderen wieder, die irgendwie mit Sterbenden zu tun haben.

6.22 *Die Krankenpfleger und -schwestern*

Bei dem Krankenpflegepersonal ist nicht selten eine Flucht- oder Abwehrhaltung vorhanden, wie auch aus der bekannten Untersuchung von Leshan (1969) hervorgeht: In Absprache mit dem Pflegepersonal einer Abteilung, auf der ziemlich viele schwerkranke Patienten lagen, stellte er eine Liste auf über die Reihenfolge, in der nach dem Empfinden der Krankenschwestern der Tod der verschiedenen Patienten zu erwarten war. Dann setzte er sich mit einer Stoppuhr in der Hand auf den Flur. Das Ergebnis war: Die Zeit zwischen dem Läuten und dem Kommen der Krankenschwester dauerte in dem Maße länger, wie das Klingeln von einem Patienten kam, der dem Tod näher stand. Bei der anschließenden Besprechung zeigte sich, daß dies seine Erklärung in einer unbewußten Abwehrhaltung gegenüber den Sterbenden fand. Als ich dieses Beispiel vor den Schwesterschülerinnen eines Krankenhauses zur Sprache brachte, setzten sie sich entrüstet zur Wehr. Diese Abwehrhaltung möge bei den Krankenschwestern jenes Krankenhauses bestanden haben, an dem Leshan operierte, aber hier nicht, denn „wenn ein todkranker Patient klingelt, dann läuft man gerade viel schneller", so wurde mir gesagt. Wir haben dann weiter darüber gesprochen, und dabei kam schließlich Folgendes zum Vorschein: Man läuft zwar schneller, wenn es klingelt, aber wenn es ein Patient ist, der oft Fragen stellt über die Nichtbesserung seines Befindens, über das Sterben, über das Leben nach dem Tod, dann sorgt man dafür, daß man sehr beschäftigt tut, um auf diese Weise derartige Gespräche zu verhindern. Im Grunde genommen war es die gleiche Abwehrhaltung, die auch ihnen Streiche spielte, obwohl sie sich auf eine andere Art manifestierte.

6.23 *Die Familie*

Trotz allen guten Willens (und harter Kritik an Ärzten und Pflegepersonal) macht es die Familie des Patienten nicht viel besser. Auch sie beteiligt sich an dem Schweigen um das Krankenbett des Sterbenden und vereitelt Versuche des Patienten, seine Gefühle zur Sprache zu bringen. Die Familie bittet oft den Arzt, dem Patienten vor allem nichts zu sagen, weil dieser nach ihrer Ansicht die Wahrheit über den nahen Tod nicht ertragen könne. Nicht selten wollen sie damit zum Ausdruck bringen, daß sie dann selbst nicht mehr wüßten, wie sie sich dem Patienten gegenüber verhalten sollen (Boelen 1969). Durch dieses Schweigen wächst oft eine Kluft zwischen dem Sterbenden und seinen nächsten Angehörigen, weil beide Seiten ihren Kummer und ihre Sorgen nicht miteinander teilen können (Michels 1968, Plokker 1970). Es kommt oft vor, daß der Arzt lange zuvor einen oder mehrere der nächsten Angehörigen davon in Kenntnis setzt, daß bei dem Kranken nicht mehr mit einer Besserung zu rechnen sei. Nicht selten ist diese Information verbunden mit dem Verbot, es den Patienten merken zu lassen. Das kann manchmal angebracht sein, aber bei weitem nicht immer. Ich will damit sagen: Es wird nicht viele Probleme verursachen, wenn der Arzt einen Mann von vierzig Jahren darauf aufmerksam macht, daß seine alte Mutter von fünfundsiebzig Jahren nicht mehr lange zu leben hat. Es kann aber eine zu schwere Belastung sein, wenn ein noch ziemlich junger Mann gesagt bekommt, daß seine Frau nur noch sechs Monate zu leben hat, und er darüber nicht reden darf. Dieses Schweigen kann einem Mann in einer solchen Situation über seine Kräfte gehen und wird daher auch mit großer Wahrscheinlichkeit für die Patientin nachteilig sein, in deren Interesse dies alles getan wird. Es scheint mir daher richtiger zu sein, alles daranzusetzen, außer dem Patienten auch den Angehörigen beizustehen, was übrigens von großer Bedeutung für das Ertragen ihres Kummers ist, wenn der Trauerfall eingetreten ist.

6.24 *Die Pastoren*

Wenn wir zu der letzten Gruppe von Personen zurückkehren, die beruflich oft mit Sterbenden umgehen, müssen wir feststellen, daß es auch in dieser Gruppe viele gibt, die sich unwohl fühlen bei der pastoralen Hilfe, die sie geben müßten. Bis vor kurzem war es so, daß auch sie während ihrer Ausbildung nicht lernten, was Gesprächsführung ist, wie eine Beziehung aufgebaut und zugunsten des Klienten verwendet werden muß und was sie mit sich selbst in dieser schwierigen Beziehung zu einem Sterbenden anfangen müssen. Das Ohnmachtsgefühl der Pastoren wird verstärkt durch die hohen Erwartungen, die andere in diesem Punkt haben: „Sie sind ja dafür da", das heißt, sie sind doch diejenigen, die eine Botschaft über die letzten Existenzfragen des Menschen, die Fragen nach dem Sinn des Lebens und Sterbens haben. Wie sich die Ärzte dem persönlichen Kontakt und Gespräch mit dem Sterbenden durch die Verrichtung ihrer rituellen ärztlichen Handlungen entziehen können, so können die Pastoren dies durch die Verrichtung *ihrer* rituellen Handlungen: das Sprechen klischeehafter pastoraler Worte, die Schriftlesung und

die Spendung der Krankensalbung. Vor allem die beiden letzteren Handlungen können sehr sinnvoll wirken im Ganzen des Sterbensbeistandes auf persönlicher Ebene, wenn sie in diesen integriert sind. Aber darauf komme ich im nächsten Kapitel noch zurück.
Hier möchte ich mich mit der Bemerkung begnügen, daß der Pastor nach meiner Überzeugung die am ehesten in Frage kommende Person ist, den Sterbensbeistand auf sich zu nehmen, eventuell nachdem er durch jemanden aus dem ärztlichen oder pflegerischen Bereich eingeleitet ist. Man darf von ihm mit Recht erwarten, daß er hier etwas Sinnvolles tun kann, weil die tiefste Problematik des Sterbenden eine Daseinsproblematik ist. Wenn er sich mit dem Patienten auf den Weg macht, um einiges Licht zu finden, dann kann dies selbstverständlich keine rein individuelle Angelegenheit sein. Seine Aufgabe wird sich notwendigerweise bis auf den gesellschaftlichen Kontext des einzelnen Patienten erstrecken müssen. Anders gesagt: Er wird dann auch versuchen müssen, darin eine Stütze zu sein für die anderen, die mit ihm die Sorge um den Patienten teilen. Ein Grund mehr, Zusammenarbeit und Beratung zwischen all denen, die mit der vollen Krankenpflege zu tun haben, tatkräftig in Angriff zu nehmen und zu fördern.

7 Ohnmacht hinsichtlich der Bedeutung von Sterben und Tod

Die Schwierigkeiten im Zusammenhang mit der Wahrheitsmitteilung und den damit zusammenhängenden Gesprächen sind schuld an einem Gefühl der Ohnmacht, das unsere Versuche zur Sterbenshilfe ernsthaft erschweren und uns ihnen aus dem Weg gehen lassen kann. Das gilt in noch stärkerem Maße für die Schwierigkeit, in Sterben und Tod einen Sinn, das heißt eine positive, menschliche Bedeutung zu entdecken oder ihnen eine solche zu geben. Beim Schreiben über das Thema Sterbenshilfe hatte ich ein ähnliches Erlebnis wie in der ersten Zeit, da ich als Pfarrer tatsächlich Sterbenshilfe geben durfte, nämlich: ein verstärktes Gefühl der Ohnmacht, darüber etwas Sinnvolles zu sagen. Es scheint mir, daß dieses Ohnmachtsgefühl von den verschiedenen Auffassungen herrührt, die in der Literatur darüber zu finden sind.

7.1 *Die Hintergründe des Problems*

Beim erneuten Durchgehen der Veröffentlichungen über dieses Thema kam ich zu der Feststellung, daß sich in ihnen zwei Tendenzen zeigen. Bei Theologen wie E. Schillebeeckx (1971) und Philosophen wie C. Verhoeven (1971) lese ich eine starke Betonung von Gedanken folgender Art: Der Tod ist eine Absurdität und hat in und aus sich selbst überhaupt keinen positiven Sinn, es ist nicht möglich, dem Tod einen Sinn zu geben, Sterben ist keine aktive Tat des Menschen, sondern reines Erleiden oder Passivität. In den Veröffentlichungen von Menschen aus der Praxis, wie Elisabeth Kübler-Ross (1970), O. Schreuder (1970), H. Leshan (1969), E. Faber (1971), W. J. Berger (1971) und vielen anderen, vernehme ich ein scheinbar unbekümmertes Sprechen vom Sterben als der letzten aktiven Entscheidung und dem letzten Akt des Menschen, von Sinngebung usw.

Man kann diesen Unterschied nicht durch die einfache Behauptung erklären, die eine Gruppe wisse nicht viel von der Praxis und die andere nicht viel von den theoretischen Hintergründen. Vielleicht kommen wir der Wahrheit etwas näher, wenn wir annehmen, daß Theoretiker und Praktiker auf verschiedenen Registern spielen, weil ihr Ausgangspunkt und ihre Optik anders sind. Aber auch damit haben wir den Unterschied noch nicht erklärt. Wie interessant ein weiteres Durchdenken dieser Fragen auch sein mag, wir können das nicht innerhalb des Rahmens dieses Werkes tun, das doch in erster Linie für Menschen in der Praxis geschrieben ist. Wenn ich eine weitere Untersuchung dieser Frage hier unterlasse, so erspart mir das zwar viel mühsame Arbeit, aber befreit mich nicht von der Notwendigkeit, meinen persönlichen Standpunkt zu bestimmen, bevor ich weiter darüber spreche. Dabei wird hoffentlich zugleich ans Licht kommen, wie man bestimmte Gegebenheiten aus beiden Ansätzen in einem Standpunkt vereinen kann.

7.2 *Standpunktbestimmung*

Abgesehen von den theoretischen Einwänden und Schwierigkeiten scheint es auch von der Praxis her ein schwieriges Unterfangen zu sein, in der Realität des Sterbens, wie es sich konkret zeigt, einen Sinn zu entdecken. Es gibt sicher eine Anzahl Menschen, die einfach keine Möglichkeit dazu erhalten, weil sie plötzlich und unvorhergesehen sterben. Von anderen werden die Möglichkeiten, die sie im Grunde dabei haben, durch das verschärfte Auftreten von Charakteranomalien und Stimmungswechsel oder durch den Ausfall einer bewußten Kontrolle über ihre eigenen Verhaltensweisen blockiert. Trotzdem sehen wir, daß viele von ihnen – natürlich mit einiger Unterstützung – ihrer eigentlichen Persönlichkeitsstruktur treu bleiben, so daß die Möglichkeit zur Sinngebung offenbleibt. Haben diese letzteren und die anderen, die einen langsam verlaufenden Sterbensprozeß durchmachen, deshalb auch faktisch die Möglichkeit, ihrem Sterben einen Sinn zu geben?
Was den Sinn von Sterben und Tod betrifft, so ist es nicht möglich, ohne jeden Vorbehalt von „Sinngebung“ zu sprechen. Mehr als sonst gilt hier, daß der letzte Sinn des menschlichen Geschehens in der Synthese zwischen dem Sinn, der sich uns selbst aus dem Geschehen aufdrängt, und dem Sinn, den der Mensch ihm gibt, besteht. Nun finde ich es nicht so schwierig, wenn es um den Sinn des menschlichen Lebens geht. Denn das Leben offenbart aus sich selbst schon irgendwie Sinn und bietet uns dadurch die Anknüpfungspunkte für Sinngebung. Beim Sterbensprozeß wird das schwieriger, obwohl auch dort die Möglichkeit zur Sinngebung offenbleibt, weil dies die letzte

Lebensphase ist. Noch schwieriger, wenn nicht unmöglich wird es, dem Tod eine positive, menschliche Bedeutung zu geben, zumindest wenn ich ihn als das Nicht-mehr-lebendig-Sein ansehe. So betrachtet, hat der Tod aus sich selbst keinen Sinn und bietet deshalb auch keine Anknüpfungspunkte zur Sinngebung. Um es ganz konkret zu sagen: Vom Leben und Sterben gilt, „daß man noch etwas daraus machen kann", vom Tod kann man das nicht mehr sagen. Eine andere Frage jedoch ist, ob nicht eine bestimmte Sinngebung des Todes aus dem Glauben an die Auferstehung und das Fortbestehen möglich ist; aber darauf komme ich später noch zurück.

Es geht bei Sterbenshilfe und Sterbensbeistand nicht um die theoretische Frage: Ist es möglich, „dem" Sterben und „dem" Tod einen Sinn zu geben? *Für den, der im Sterben liegt, geht es um folgende Frage: Ist es möglich, mein Sterben und meinen Tod als etwas zu erleben, was für mich einen solchen Sinn zu haben vermag, daß ich meinen eigenen Tod selbst sterben kann?* Ich bin mir durchaus bewußt, daß diese Formulierung sehr individualistisch klingt. Doch muß ich es auf diese Weise sagen, weil es eine ganz persönliche Angelegenheit ist. Den Individualismus dadurch zu vermeiden, daß man vom Sinn des Sterbens und des Todes spricht, kann sehr leicht eine Flucht in das Allgemeine sein, um mich selbst gegenüber Sterben und Tod in meinem Leben zu sichern. Außerdem haben wir früher schon sehr ausdrücklich erklärt, daß Gesundheit und Krankheit, Leben und Sterben notwendig die soziale Dimension des Menschen einschließen. Deshalb spielt diese als mit normierender und mit sinngebender Faktor im Sterben doch eine Rolle. Das gilt zum Beispiel für Fragen hinsichtlich der Lebensverlängerung, aber ganz besonders für Entscheidungen wie das Spenden von Organen nach dem Tod zum Zweck der Transplantation; das kann das individuelle Sterben eben aus der sozialen Dimension heraus sinnvoller machen.

7.3 *Möglichkeiten zur Sinngebung*

Nach all dem will ich zu formulieren versuchen, welche Möglichkeiten, dem Sterben einen Sinn zu geben, ich persönlich zu entdecken glaube. Ich habe nicht vor, daraus eine theoretische Betrachtung aufzubauen, ich will darüber nachdenken für die Praxis der Sterbenshilfe. Dazu stehen uns zwei Einfallswinkel zur Verfügung: vom Leben *vor* dem Tod und vom Leben *nach* dem Tod aus. Es bedarf keiner Erörterung, daß bei diesem letzteren der Glaube zur Sprache kommt.

Elisabeth Kübler-Ross (und mit ihr u. a. Berger, Faber, Michels) beschreiben das Sterben eines Kranken als einen Prozeß, der in verschiedenen Phasen verläuft. Die letzte Phase besteht in der Ergebung in sein Sterben und seinen Tod und in der Hinnahme dieses Sterbens. Die Möglichkeit, zu einer positiven Bejahung und in dieser zum Entdecken einer positiven menschlichen Bedeutung seines Sterbens zu gelangen, scheint in der Möglichkeit gegeben zu sein, in seinem Leben einen Sinn zu entdecken. Denn Sterben heißt: seine letzte Lebensphase leben.

Ja, aber – so wird man mir sofort entgegenhalten können – Sterben ist doch eine ganz andere Angelegenheit als Leben. Denn das Sterben ist eine unentrinnbare Realität, während das Leben keine absolut unentrinnbare Realität ist; durch Selbstmord kann man sich ihm nämlich entziehen. Das ist in der Tat richtig. Vom Standpunkt der Unentrinnbarkeit aus gesehen besteht ein Unterschied zwischen Leben und Sterben. Es besteht aber kein wesentlicher Unterschied zwischen Leben und Sterben, insofern beide eine vor die Füße geworfene Wirklichkeit sind, um die wir nicht gebeten haben. Der Mensch kann sich weigern, im Leben einen Sinn zu sehen oder dem Leben einen Sinn zu geben, und dadurch das Leben selbst ablehnen. In seiner extremen Form bedeutet das: seinem Leben selbst ein Ende machen. Der Mensch kann sich in das Leben auf eine passive oder sogar verbitterte Art wie in eine unabwendbare Fatalität ergeben. Aber der Mensch kann sein Leben auch als ein Geschenk oder eine Gabe sehen und von daher die Aufgabe verstehen, ihm in schöpferischer Freiheit einen Sinn zu geben, wobei er auf die positive menschliche Bedeutung hört, wie sie sich ihm vom Leben selbst her offenbart.

Auf die gleiche Weise kann der Mensch gegenüber seinem Sterben als letzter Lebensphase eine Haltung einnehmen. Er kann diese Lebensphase ablehnen und sich gegen sie sträuben, er kann versuchen, vor ihr die Flucht zu ergreifen, und – wenn das nicht gelingt – sich passiv oder verbittert in sie ergeben. Er kann aber auch die Frage des Sterbens als eine Aufgabe ansehen und, auf den Sinn lauschend, den diese Lebensphase für ihn haben kann, diesen Sinn zum Sinn seines Sterbens machen. Wenn er auf diese Art die Sterbensphase erlebt, kann sie die Bedeutung eines Abschlusses und sogar einer wiedergutmachenden Vollendung des Lebensrests erhalten. *Daher müßte*

Sterbensbeistand helfen, den Sinn seiner letzten Lebensphase zu entdecken, so daß er daran glauben kann, daß auch diese Lebensphase die Mühe lohnt, gelebt zu werden. Wer somit einem Sterbenden dabei helfen will, ist dazu nur dann imstande, wenn und soweit er selbst an den Sinn des Lebens glaubt.

7.32 *Sinn aus dem Glauben*

Für den, der an die Botschaft Jesu von Nazareth glauben darf und kann, gibt es – zumindest grundsätzlich – größere Möglichkeiten, seinem Sterben einen tieferen Sinn zu geben. Denn die christliche Botschaft ist eine Botschaft über den tieferen Sinn des menschlichen Daseins und als solche auch über die letzte Phase dieses Daseins. Ich sage mit Absicht „zumindest grundsätzlich“, weil die Erfahrung lehrt, daß Gläubige nicht per se in ihrem Sterben leichter ein sinnvolles Geschehen zu sehen vermögen als jene, die nicht glauben. Es liegt nur daran, wie sich ihr Glaube konkret in ihrem Leben ausgewirkt hat und wie er sich eventuell mit der Hilfe eines Pastors im Sterben auswirkt.

7.33 *Sinn aus dem Leben nach dem Tod*

Der Gläubige hat die Möglichkeit, dem Leben bis zur letzten Phase von der christlichen Daseinsinterpretation her einen tieferen Sinn zu geben. Diese enthält aber nicht ausschließlich eine Botschaft über dieses Leben, sondern reicht darüber hinaus. Ich will damit sagen: Wirklich an Jesus von Nazareth glauben schließt für mich auch ein, daß ich – im Vertrauen auf das Glaubenszeugnis der Apostel und der Urkirche – glaube, daß Jesus lebt. Ich glaube, daß Gott den Menschensohn Jesus von den Toten hat auferstehen lassen und wieder zum Leben erweckt hat. Deshalb will und wage ich – wenn auch mit Furcht und Zittern – zu glauben, daß Gott auch uns treu sein wird bis über den Tod hinaus, daß er auch uns auferstehen und fortbestehen lassen wird. Die Hinnahme seines Sterbens erhält damit für den Gläubigen den Charakter einer Einladung, eines Auftrags und sogar einer Aufforderung, nämlich: unabdingbar auf Gottes Treue zu vertrauen aufgrund der Treue, die Gott Jesus bezeigt hat. Das hindert nicht, daß das Sterben doch den Charakter einer Hingabe und sogar eines Wagnisses behält. Der Gottesglaube mildert aber das Beängstigende, das jeder Hingabe, sowohl an das Leben, an die Liebe als auch an das Sterben eigen ist.

Ich muß es dabei belassen, ohne dieses persönliche Glaubenszeugnis durch theologische Betrachtungen weiter auszubauen (siehe darüber Schillebeeckx 1971 und Schoonenberg 1971). Zur Abrundung will ich noch kurz bei einer Frage stehenbleiben, die in der Praxis des Sterbensbeistandes sehr oft gestellt wird. Sie ist um so wichtiger, weil das Gefühl der Ohnmacht der Umstehenden deutlich in dem Maße wächst, in dem sie sich in dieser Frage keinen Rat wissen.

7.4 *Weiterleben, aber wie?*

Es mag richtig sein, daß, vom theoretisch-theologischen Standpunkt aus gesehen, der Glaube an die Auferstehung das Fundament des Glaubens an das Weiterleben ist, in der Praxis aber ist die letztere Frage die wichtigste, sowohl für den Sterbenden als auch für den Helfer. Es ist mir aufgefallen, daß in Gesprächen mit denen, die beruflich mit Sterbenden umgehen (Pastoren nicht ausgenommen), die Frage des Weiterlebens nach dem Tod unverkennbar einen Stein des Anstoßes bildet und zum Anlaß wird, die Flucht zu ergreifen. Ein zweiter Punkt, der dabei auffällt, ist folgender: Bei der Frage, ob man an ein Weiterleben nach dem Tod glauben kann, spielt immer die große Schwierigkeit eine Rolle, sich auf eine einigermaßen akzeptable Art zu denken, wie dies wohl sein wird. Man kann nicht mehr an die alten Bilder vom „Reisbrei mit goldenen Löffeln", vom „Land, das von Milch und Honig fließt", vom „Hosianna singen" und von „der Anschauung Gottes" glauben. Bilder oder Denkkategorien, die besser ansprechen, scheinen einfach nicht vorhanden zu sein und werden in der Verkündigung offensichtlich nicht angeboten.

Es ist natürlich nicht so schwer, eine „Lösung" für dieses Problem zu geben durch die Aussage: Es geht doch nur darum, daß man an das Weiterleben glaubt – wie dieses sein wird, läßt sich doch nicht fassen und ist übrigens auch furchtbar unwichtig! Das ist keine Lösung und nicht einmal eine gehörige Antwort. Wenn die Frage für das Empfinden des anderen wichtig ist, dann müssen wir versuchen, eine richtige und akzeptable Antwort zu geben. Ich will das versuchen, aber nicht durch eine Zusammenfassung „der heutigen Theologie vom Weiterleben". Die Erfahrung hat mich gelehrt, daß das nicht so stark anspricht. Ich wage es zu formulieren, wie ich es selbst sehe, weil ich glaube erfahren zu haben, daß auf diesem Weg zwar für den anderen nicht alles „gelöst" wird, aber zumindest zu

einer Frage wird, über die man sprechen kann. Dies letztere ist an sich schon äußerst wichtig in dem Verhältnis zum Sterbenden.
Wie oben schon gesagt wurde: Weil Gott dem Menschensohn Jesus bis über seinen Tod hinaus treu war, glaube ich, daß er auch uns über unseren Tod hinaus treu sein und uns zum Leben erwecken wird. Über dieses Leben werden in der Schrift vielerlei Dinge gesagt, von denen die folgenden beiden Punkte meines Erachtens die wichtigsten sind: Es wird ein Leben bei den anderen und mit ihnen bei Gott sein, und es wird ferner ein Leben des Glücks sein. Auf den ersten Blick scheinen diese beiden Dinge isoliert voneinander zu stehen. Bei näherem Betrachten zeigt sich aber, daß sie so eng miteinander verknüpft sind, daß sie nicht einmal unabhängig voneinander bestehen können. Warum nicht?
In jedem Menschenleben kommen ab und zu Momente vor, in denen wir intensiv glücklich sind. Wenn wir über die Art dieser Glücksmomente tiefer nachdenken, kommen wir zu der Entdeckung, daß das Glück des anderen damit etwas oder, besser, alles zu tun hat. Es waren nämlich nicht die Gelegenheiten, in denen wir auf eine egoistische Art von einem anderen profitierten. Auch nicht jene Augenblicke, in denen eine Lebenseinstellung wie die folgende realisiert wurde: „Man muß immer dafür sorgen, daß sich die anderen für einen abrackern, und zwar auf eine solche Art (das heißt indem man sie manipuliert), daß sie darüber sogar froh sind.“ Diese Art von „Glücklichmachen“ anderer muß doch letztlich einen bitteren Nachgeschmack hinterlassen, meine ich. Ich meine hier jene Glücksmomente in unserem Leben, in denen wir aus einer ehrlichen Lebenshaltung heraus einen anderen (oder andere) wirklich zutiefst glücklich gemacht und darin selbst auch eine tiefe Glückserfahrung erlebt haben. In diesen Situationen kommen die eigene Glückserfahrung und das Bei-dem-anderen-Sein zusammen; außerdem wissen wir, daß Gott nahe ist, wo wirkliche Liebe da ist. Das Weiterleben kann daher für mein Empfinden nichts anderes sein, als in der gleichen Art „weiterleben“, wie wir die besten Augenblicke unseres jetzigen Daseins erlebt haben. Es ist deshalb nicht so, daß wir sofort den Himmel als Belohnung für die guten Werke erhalten, die wir verrichtet haben. In unseren ehrlichen Versuchen, die Mitmenschen aus einer evangelischen Bereitschaft zur Liebe heraus glücklich zu machen, verwirklichen wir jetzt unseren Himmel und dürfen darauf vertrauen, daß Gott, der uns darin jetzt nahe ist, uns über den Tod hinaus treu bleiben wird.

Die Fragen, die dann noch im Zusammenhang mit dem Wie dieses Weiterlebens übrigbleiben, verlieren viel von ihrem beunruhigenden Charakter. Ich denke dabei an konkrete Fragen wie: Wird man die anderen vermissen? Wie wird es mit unserem Leib sein? Wird dieses Glück immer weiter andauern? Die Bedeutung derartiger Fragen wird dann meines Erachtens stark relativiert, wie wir das aus Erfahrung von den Glücksmomenten wissen, die wir jetzt erleben dürfen: In der Glückserfahrung selbst drängen sich keine Fragen über andere auf; einmal zu dem Erlebnis der Einheit miteinander auf der persönlichen Ebene gekommen, wird der Leib unwichtig, selbst wenn der Weg zu diesem Höhepunkt der Liebeseinheit über den leiblichen Kontakt verlief; in der Glückserfahrung selbst fällt das Bewußtsein von Zeit und was damit zusammenhängt gleichfalls weg. Derartige Fragen kommen erst dann wieder, wenn wir wieder „auf die Erde zurückgekehrt sind". Deshalb bin ich eigentlich geneigt zu sagen, daß die genannten Fragen im Weiterleben nicht nur relativiert werden, sondern ganz wegfallen.

Kurz zusammengefaßt: Diese Auffassung vom Weiterleben nach dem Tod als einer Fortsetzung unserer Glückserfahrung im Glücklichmachen des anderen hat selbstverständlich nur einen persönlichen, also relativen Wert. Es scheint mir aber, daß diese Auffassung die Möglichkeit schafft, das Wie derselben denkbar und die noch verbleibenden Fragen annehmbar zu machen.

7.5 *Der Pastor im Sterbensgeleit*

Stellen sich schon bei ernsthaftem Kranksein Existenzfragen ein, so gilt das in noch stärkerem Maße für das menschliche Geschehen des Sterbens. Hier geht es ja um die Existenz selbst. Deshalb stellen sich unvermeidlich die grundlegenden Fragen nach dem Sinn des menschlichen Daseins. Der Sterbenshelfer darf diesen Fragen nicht ausweichen. Seine ganze Aufmerksamkeit und Hilfe müssen auf die Versuche gerichtet sein, gerade auf dieser Ebene beim Sterbenden zu sein.

Ohne auch nur im mindesten der Aufgabe der anderen um den Sterbenden herum Abbruch tun zu wollen, bin ich geneigt zu sagen: Der Pastor kann beim ganzen Sterbensbeistand einen besonders wichtigen Beitrag leisten. Warum?

Die pastorale Aufgabe besteht in der Verkündigung der in Christus gegebenen Botschaft über den Sinn des menschlichen Daseins. Es ist eine Form der Hilfeleistung gegenüber dem anderen, insofern der

Pastor seinen eigenen Glauben an den Sinn des Lebens in den Dienst des anderen stellt, so daß dieser im Glauben des Pastors eine Stütze zur Wiederentdeckung seines eigenen Glaubens an das Leben findet. *Obwohl diese pastorale Hilfeleistung als die eigentliche und spezifische Aufgabe des (professionellen) Pastors gesehen wird, gilt doch für jeden Menschen, daß er seinem Mitmenschen helfen kann und muß, sich selbst und seinen Glauben an das Leben wiederzufinden.* Aus diesem Grunde gebrauche ich auch das Wort Pastor, weil es nicht identisch ist mit dem Begriff Amtsträger. Der letztere hat zwar eine besondere Aufgabe innerhalb der Glaubensgemeinschaft. Aber ob jemand wirklich als Pastor wirkt, hängt nicht ausschließlich und nicht einmal primär von der Weihe durch den Bischof oder von der Berufung durch die Gemeinde ab, sondern von der Tatsache, daß er der „Gläubigere" ist. Dieses „Gläubigere" braucht nicht quantitativ, sondern muß qualitativ verstanden werden. So gesehen, kann jeder Gläubige Pastor für das Leben sein, vorübergehend oder in einer zufälligen Begegnung mit einem anderen, falls er in dem Aufbau des Verhältnisses mit dem anderen derjenige ist, an dessen Glauben dieser eine Hilfe für seine Frage nach dem Sinn des Lebens und Sterbens findet. Was aber wiederum nicht ausschließt, daß eine Anzahl professioneller Pastoren erwünscht ist, nicht nur weil dadurch die Kontinuität des Glaubens besser gewährleistet wird, sondern auch weil diese aufgrund ihrer Ausbildung und Erfahrung mehr Möglichkeiten für die spezifische pastorale Hilfeleistung haben (Sporken 1971).

Zusammenfassend kann man sagen: Sowohl Ärzte als auch Krankenpfleger und -schwestern und Angehörige können und müssen in ihrer Hilfe für den Sterbenden diesen Aspekt mit in ihre Hilfeleistung einbeziehen. In manchen Fällen kann es erwünscht oder gar notwendig sein, einen professionellen Pastor diesen Aspekt des totalen Sterbensbeistandes vertreten zu lassen.

7.6 *Salbung: Krankensalbung, Sterbesakrament oder Abschiedssymbol?*

Dem professionellen Pastor stehen außerdem Hilfsmittel zur Verfügung, die manchmal sehr sinnvoll und wichtig sein können. Er kann nämlich das, was im Kontakt mit dem Sterbenden an Glauben wiedergefunden wurde, auch sakramental festigen. In diesem Zusammenhang denke ich vor allem an Sündenvergebung, Eucharistie und Salbung. Über dieses letztere Sakrament möchte ich einige Bemerkungen machen, die meines Erachtens für die Praxis dienlich sein können.

Das Sakrament der Heiligen Ölung hat in den vergangenen Jahrhunderten faktisch als „Sterbesakrament“ gedient und wird daher mit Recht so genannt. In den letzten Jahren aber ist die Bedeutung dieses Sakraments wieder mehr auf die ursprünglichere Bedeutung zurückgeführt worden, die es im Jakobusbrief zu haben scheint, nämlich der Krankensalbung. Das hat ernsthafte Folgen für die Spendung dieses Sakraments. Sowohl die rituelle Handlung als auch die dazugehörigen Gebete müssen in Übereinstimmung mit der Situation gebracht werden, in der sich der Patient befindet. Das impliziert, daß die Spendung des Sakraments innerhalb des Ganzen der Sterbenshilfe vollzogen werden muß, wie sie den einzelnen Patienten geboten wird. Ich möchte das an einigen Beispielen näher erläutern.

Wenn ein Pastor einem Patienten das Sakrament als Krankensalbung anbietet, dann muß er es auch als Krankensalbung spenden. In diesem Licht scheint es mir nicht konsequent zu sein, die neue Bedeutung in „den frommen Lügen um das Sterbebett“ fungieren zu lassen. Das geschieht, wenn das Sakrament ausdrücklich als Krankensalbung (und nicht als Sterbesakrament) einem Kranken angeboten wird, der nicht weiß und nicht wissen darf, daß er schon im Sterben liegt. Nicht selten hoffte man so zu bewerkstelligen, daß er auf jeden Fall mit den Sterbesakramenten „versehen“ wurde, ohne daß man ihn beunruhigt hat. Eine solche Situation kann natürlich in der Praxis bei einem bestimmten Patienten vorkommen, aber dann wäre es vernünftiger und vertretbarer, wenn das Sakrament ausdrücklich „aus Vorsorge“ angeboten würde. Sehr konsequent hinsichtlich der neuen Bedeutung des Sakraments der Krankensalbung ist die Handlungsweise des Krankenhauspastors, der zum Beispiel den sechs schwerkranken Operationspatienten, die auf einem Zimmer liegen, eine Eucharistiefeier und zugleich die Krankensalbung anbietet.

Eine stärkere Anpassung an die Bedeutung ist meines Erachtens notwendig bei dem alten Brauch, jemandem, der plötzlich gestorben ist, danach noch die Heilige Ölung zu spenden. Es hat wenig Sinn, dies in der gleichen Art zu tun, wie man die Krankensalbung oder das Sterbesakrament spendet. Das impliziert aber keineswegs, daß eine sakramentale Salbung in dieser Situation sinnlos sein müßte. Ich bin davon überzeugt, daß dies vor allem auch für die Angehörigen sehr sinnvoll sein kann, aber dann auf folgende Art: durch eine Salbung und das Aussprechen eines für die Situation passenden Gebetes einen Symbolakt des Abschieds setzen und zugleich unseres Glaubens und Vertrauens, daß Gott den Seinen über den Tod hinaus treu ist.

In demselben Geist scheint es mir sinnvoll zu sein, die Salbung einem bewußtlosen Patienten zu geben, falls das religiöse Geschehen dem Patienten und seiner Situation bis in dessen soziale Dimension hinein angepaßt wird. Ich denke dabei an den Fall, daß ein Pastor auf die Unfallstation eines Krankenhauses gerufen wird, wo drei Spezialisten und eine Schwester um das Leben eines bewußtlosen Unfallpatienten ringen. Die Aussage des Chirurgen, „tun Sie, was Sie für nötig halten, aber laufen Sie uns bitte nicht vor die Füße", mag kennzeichnend sein für die Tatsache, daß die Situation hier nicht dazu angetan war, eine religiöse Feier stattfinden zu lassen. Einen günstigen Moment abwartend, um tatsächlich nicht im Wege zu stehen, hat der Pastor die Stirn des Patienten gesalbt und dabei laut gebetet, Gott möge diese Salbung verstehen als ein Flehen, seine Sorge für diesen Menschen „wahr zu machen" durch die Hände der vier Menschen, die um sein Leben rangen. Das schien mir eine sinnvolle religiöse Handlung und ein sinnvolles Gebet zu sein. Gott bedarf ja des Menschen, um ein Gott der Menschen sein zu können.

Für alle Situationen gilt, daß das religiöse Geschehen der Salbung zugleich Ausdruck der Gefühle des Patienten und derjenigen sein muß, die zu ihm gehören, seiner Situation und des Verhältnisses zwischen Pastor und Patient. Obwohl jeder religiöse Akt unter gläubigen Menschen schon in sich eine Bedeutung hat, glaube ich doch sagen zu dürfen, daß die sakramentale Spendung nur zur idealen Tätigkeit als Heilstat werden kann, wenn sie als integrierender Bestandteil in das Ganze der pastoralen Hilfe für den Sterbenden aufgenommen ist.

7.7 *Der Glaube des Sterbenden als Norm*

Ein letzter Punkt, dem ich noch einige Aufmerksamkeit widmen möchte, ist das Verhältnis und die eventuelle Diskrepanz zwischen dem Glauben des Patienten und dem des Helfers. Wir haben oben schon gesehen, wie sehr die Unsicherheit über den Sinn des Sterbens das Gefühl der Ohnmacht zu tatkräftiger Hilfe nachteilig beeinflussen kann. Das gilt vor allem für Fragen wie den Glauben, die Zweifel und das Nichtglauben des Weiterlebens.

In der Praxis begegnet man vielen Menschen, die an irgendeine Form des Weiterlebens glauben oder glauben wollen, weil dies für ihr Empfinden offensichtlich eine Hilfe in der Verwindung des Abschieds von diesem Leben sein könnte. Aber gerade dieser Punkt wird von vielen Helfern als eine der größten Schwierigkeiten erfahren: Der Sterbende glaubt oft auf eine andere Art an das Leben nach dem Tod als derjenige, der ihm gerade jetzt in diesem Glauben an die Sinngebung seines Sterbens helfen müßte. Anders gesagt: Oft glaubt der Patient an das Weiterleben nach dem Tod oder will daran glauben, während die Umstehenden nicht daran glauben oder zumindest ernsthafte Zweifel in diesem Punkt haben. Eine Bestätigung des Glaubens des Sterbenden kann in diesen Situationen beim Helfer das Gefühl einer Lüge hervorrufen, was wieder Anlaß und Motiv werden kann, dem Gespräch darüber auszuweichen.

Doch braucht dies nicht notwendig eine Lüge zu sein. Denn es geht nicht um unseren Glauben oder Unglauben, sondern um den des Sterbenden. Es geht um die Hilfe für den Patienten, damit er in seinem Sterben zur Selbstverwirklichung gelangt, und das bedeutet hinsichtlich des Glaubens an Gott und an das Weiterleben nach dem Tod: *Wir müssen dem Sterbenden helfen, sich selbst und deshalb den Glauben an seinen Gott wiederzufinden, das heißt den Glauben an den oder das, wodurch sein Leben und Sterben eine letzte Sinngebung finden kann.* Deshalb meine ich nicht, daß der Pastor den Sterbenden nur „in seinem Wesen belassen muß" oder, schlimmer noch, „so klug lassen muß wie zuvor". Ich will mit Nachdruck nur darauf hinweisen, daß nicht die Überzeugung des Pastors, sondern die konkret vorhandenen Bedürfnisse und Möglichkeiten des Sterbenden die Norm für die pastorale Sorge sein müssen. Ja, aber – so wurde mir entgegengehalten – das bedeutet eine unverantwortliche Säkularisierung der Aufgabe des Pastors: Dieser darf nicht einfach, sondern muß im Namen Christi neben dem Sterbenden stehen. Nach meiner Überzeugung kann hier nicht von einer unverantwortlichen Säkularisierung die Rede sein, denn „im Namen Christi" neben einem anderen Menschen stehen bedeutet in erster Linie, daß wir diesen Menschen unabdingbar, das heißt bis in seinen suchenden Glauben hinein, ernst nehmen. Um es ganz einfach zu formulieren: Die Sterbensphase darf nicht zur Gelegenheit werden, Seelen zu gewinnen. Das hindert aber nicht, daß der Pastor von seiner Glaubensüberzeugung Zeugnis ablegen darf und muß, und zwar immer dann, wenn dies dem Sterbenden zum Heil gereichen kann. Das setzt jedoch voraus, daß das Glaubenszeugnis als ein respektvoller Versuch abgelegt wird, im Leben des Sterbenden und mit ihm gemeinsam die Anknüpfungspunkte zu suchen, die sich für eine Deutung auf das Heil hin eignen.

8 Euthanasie: Sterbenshilfe oder Ohnmacht?

Bis jetzt haben wir gesehen, daß das Gefühl der Ohnmacht, Sterbenden beizustehen, eine Ursache sein kann, sich dieser fundamentalen ethischen Pflicht gegenüber dem Mitmenschen zu entziehen. Wir sprachen dabei von der Ohnmacht, die sich im Hinblick auf die Wahrheitsmitteilung, die damit zusammenhängenden Gespräche und die Bedeutung des Sterbens konkretisiert. Es gibt aber noch ein viel tiefer liegendes Gefühl der Ohnmacht, das die Umstehenden in bestimmten Fällen beschleicht. Ich meine damit jene Situationen, in denen die obengenannten Fragen schon geklärt sind, entweder weil der Patient weiß, wie es um ihn steht, darüber spricht und sich nach dem Tod als Erlösung von dem Leiden sehnt, oder gerade weil dies alles nicht mehr oder noch nicht besprochen werden kann (wie bei Bewußtlosen, Altersschwachsinnigen, Kindern). Es kommt vor, daß die Umstehenden die Überzeugung gewinnen, es könne überhaupt keine Sterbenshilfe mehr geboten werden, außer in der Form einer Verkürzung des Sterbens und damit des Leidensweges, den der Patient noch zurücklegen muß.

8.1 *Das Problem*

Bevor wir näher darauf eingehen, ist es notwendig, klar zu formulieren, was man unter Euthanasie versteht und worin genau das diesbezügliche ethische Problem besteht. Obwohl andere Definitionen des Begriffs Euthanasie möglich sind (siehe u. a. Den Otter 1969; Heering 1970), will ich mich hier auf die Wiedergabe meiner persönlichen Überzeugung beschränken. Der Nachteil dieser Beschränkung wird hoffentlich durch den Vorteil aufgewogen, daß ein Mißverständnis über den Begriffsinhalt verhindert und eine weitere Diskussion erleichtert wird.

Euthanasie bedeutet strenggenommen: das gute Sterben. In den letzten Jahrzehnten hat das Wort aber einen anderen Inhalt erhalten, nämlich: Hilfe bieten, um gut zu sterben, und zwar durch absichtliche

Verkürzung des Sterbens. Oben (unter 4.1) stand die Frage an, wie weit der Patient selbst sein Leben beenden oder Euthanasie auf sich selbst anwenden darf. Jetzt stellt sich die Frage auf eine ganz andere Weise, nämlich: Läßt es sich ethisch vertreten, daß jemand in irgendeiner Weise Euthanasie an einem anderen anwendet?

Im Hintergrund spielt dabei eine andere Frage mit: Darf man ganz allgemein in den Sterbensprozeß eines anderen Menschen eingreifen, indem man diesen Prozeß beschleunigt oder verlängert? Was das letztere betrifft: Man darf dies nur dann tun, wenn es für den Patienten Sinn hat, sei es vor allem für ihn selbst, sei es vor allem für seine Umgebung. Was die Beschleunigung des kommenden Todes betrifft: Nach allgemeiner Überzeugung ist eine solche zum Beispiel dann vertretbar, wenn sie die Nebenfolge einer notwendigen Bekämpfung durch eine sehr hohe Dosierung schmerzstillender Mittel ist oder wenn die ärztlichen Eingriffe, die für eine Lebensverlängerung notwendig sind, in einem disproportionalen Verhältnis zu dem erwarteten Ergebnis stehen. Bei Euthanasie ist die Frage viel schwieriger, denn dabei geht es jetzt um die Frage: Darf jemand in irgendeiner Weise (passiv oder aktiv) den schon im Gang befindlichen Sterbensprozeß eines Mitmenschen drastisch verkürzen, um den Tod eher eintreten zu lassen? Der ethische Standpunkt, den man hier einnimmt, wird zum größten Teil durch die Antwort auf die Frage bestimmt werden, ob man Euthanasie, an sich angewandt, für vertretbar hält und ob man die Euthanasie, an einem anderen angewandt, als eine authentische Form der Sterbenshilfe für diesen anderen ansehen darf. Über die Anwendung der Euthanasie auf das eigene Sterben habe ich oben schon gesagt, daß diese meines Erachtens in Ausnahmefällen ethisch akzeptabel sein kann. Wir werden uns jetzt mit der Frage beschäftigen, ob dasselbe für die an einem anderen angewandte Euthanasie gilt. Dabei ist es wichtig, zwischen passiver und aktiver Euthanasie zu unterscheiden und vor allem bei der letzteren wieder zwischen Euthanasie auf Bitten des Patienten und Euthanasie außer Wissen und Wollen des Patienten. Diese Punkte werden wir jetzt einzeln näher betrachten.

8.2 *Passive Euthanasie*

Unter passiver Euthanasie wird verstanden: die absichtliche Verkürzung des im Gang befindlichen Sterbensprozesses, indem man keine Versuche mehr anstellt, das Leben noch zu erhalten. Wir stehen heute öfter als sonst vor solchen Entscheidungen, weil die ärztlichen Möglichkeiten zur Aufrechterhaltung des Lebens immer größer geworden sind. Die Anwendung aktiver Euthanasie kommt in Frage, wenn die Situation des betroffenen Menschen aussichtslos ist, wenn zwar Leben, aber kein menschliches, sinnvolles Leben erhalten werden kann oder wenn der Sterbensprozeß so langsam verläuft, daß dessen Verlängerung eine Zerstörung des Menschen mit sich bringen würde. Anwendung passiver Euthansie bedeutet dann: keine Versuche mehr anstellen, den kommenden Tod fernzuhalten, oder schon begonnene Versuche abbrechen.

In der ärztlichen Praxis entstehen derartige Probleme zum Beispiel bei den Versuchen, die Lebensgeister von Menschen wieder zu wecken, bei denen das Gehirn direkt oder indirekt – zum Beispiel durch einen mehrere Minuten andauernden Herzstillstand – betroffen wird. Wenn nach einigen Tagen oder gar erst nach einigen Wochen die Sicherheit entstanden ist, daß man nicht mehr einen Menschen am Leben erhält, sondern nur einen lebendigen Leichnam, dann darf man die Versuche einstellen. Schwieriger wird es, wenn Herz- und Atmungsfunktion wieder selbständig funktionieren, jedoch das Bewußtsein nicht oder fast nicht zurückkehrt. Faktisch bedeutet das, daß ein ganz langsam verlaufendes Sterben stattfinden wird. Diese Situation gleicht der von Betagten, bei denen „der Geist" schon ganz oder zum größten Teil gestorben ist, aber das körperliche Leben noch einen langen Prozeß des Abbruchs durchmachen muß. Die Situation gleicht auch der von Jüngeren oder Erwachsenen, die erst nach einem monatelang dauernden Sterbensprozeß an einer unheilbaren Krankheit sterben dürfen. Obwohl sich die letztere Gruppe von der anderen unterscheidet, weil bei dieser intensiver Sterbensbeistand durchweg möglich ist, stehen wir im wesentlichen bei all den genannten Gruppen doch vor derselben Frage: Darf man den sicher kommenden Tod dadurch beschleunigen, daß man sich hinsichtlich der Lebensverlängerung passiv verhält? Darf man ärztliche Eingriffe zur Verlängerung dieses Lebens unterlassen oder eine spontan auftretende tödliche Komplikation (zum Beispiel in der Form einer ernsthaften Lungenentzündung) nicht bekämpfen, so daß der Patient daran stirbt? Kann man diese Verkürzung des Sterbensprozesses als eine ethisch vertretbare Art der Sterbenshilfe ansehen?

In einem Bericht über „Euthanasie und der betagte Mensch" (1968) der Stiftung „Landelijk Orgaan van de Gereformeerde Gezindt voor de Bejaardenzorg" finden wir darüber die folgende Aussage: „Aus unseren christlichen glaubens- und lebensanschaulichen Erwägungen geht hervor, daß es dem Menschen nicht erlaubt ist, seinem Leben eigenmächtig und willkürlich eine Grenze zu setzen. Weil Gott das Leben schenkt, haben wir die Pflicht, das Leben instand zu halten. Die Fortsetzung desselben darf nicht von unseren Gedanken über Sinnfülle und Lebensfähigkeit abhängig sein ... Nicht nur die Vornahme einer tödlichen Injektion, sondern auch das Unterlassen oder Einstellen einer bestimmten Behandlung ist unverantwortlich, weil in beiden Fällen beschlossen wird, das Leben eines Mitmenschen zu beenden."
Papst Pius XII. stand zwar auch jedem aktiven und direkt gewollten Töten eines Menschen ablehnend gegenüber, aber hinsichtlich der Möglichkeiten und der Versuche zur Wiederbelebung oder zur Lebensverlängerung ging er einen Schritt weiter als die soeben zitierte Auffassung: Man darf von ihnen absehen oder sie beenden, wenn sie sich aufgrund emotionaler, psychischer und sozialer Faktoren als sinnlos erweisen. Es läßt sich nicht leugnen, daß diese Denkweise sowohl in katholischen als auch in vielen protestantischen Kreisen (siehe bei Sporken und bei Lindeboom 1970) und weit darüber hinaus die Oberhand gewann. Persönlich fühle ich mich dabei auch am wohlsten, weil dies notwendig aus der entsprechenden Grundnorm folgt: Es geht um die Belange der menschlichen Person, gesehen in ihrer körperlichen, geistigen und sozialen Existenzsituation und in der Perspektive ihres Lebenswegs. Mit anderen Worten: Nicht das Leben schlechthin, sondern das sinnvolle und akzeptable menschliche Leben ist normierend für die konkrete Verwirklichung der Ehrfurcht vor dem Leben. Aus diesen Gründen erscheint es mir ethisch vertretbar und manchmal sogar geboten, einen langsam verlaufenden Sterbensprozeß, der durch die Natur selbst vollzogen wird, nicht zu verlängern. Sterbenshilfe erfordert in diesen Fällen, daß keine maximale Therapie angewandt wird und eventuelle tödliche Komplikationen nicht mehr bekämpft, wohl aber optimale pflegerische und menschliche Versorgung und Hilfe geboten werden. Dies letztere möchte ich betonen, weil man öfter die Bemerkung hört: Passive Euthanasie ist viel unmenschlicher als

aktive Euthanasie, denn dann läßt man jemanden einfach an seinem Leiden sterben, ohne etwas dagegen zu tun. Das beruht auf einer falschen Auffassung von der Praxis: Passive Euthanasie anwenden bedeutet nur, daß man von besonderen ärztlichen Behandlungen zur Lebensverlängerung absieht, aber im übrigen alle ärztliche und pflegerische Versorgung bietet, um das Sterben so erträglich wie möglich zu machen.

Als ich über die drastische Verkürzung des Sterbensprozesses durch den Patienten selbst sprach, habe ich schon gesagt, daß dies meines Erachtens grundsätzlich nicht im Widerspruch zur christlichen Lebensauffassung steht. Ich möchte hier nur noch folgendes hinzufügen. Ich bin mir bewußt, daß ein Christ grundsätzlich mehr Möglichkeiten hat, seinem Leiden einen Sinn zu geben, aus seinem Glauben an Jesus von Nazareth und dessen scheinbar absurdes Leiden. Aber ich bin mir zugleich bewußt, daß die Kraft eines Menschen, diese Möglichkeit wahrzumachen, in Ausnahmefällen versagen kann. Die Ehrfurcht vor dem Schöpfer des Lebens kann meines Erachtens einschließen, daß jedes Leben bis in den absurden Verfall hinein gelebt werden muß. Das Verhindern eines menschenunwürdigen Sterbens gehört in die Verantwortung für das Leben gegenüber dem Schöpfer und läßt daher die Möglichkeit offen, sich in extremen Konfliktsituationen für jene Art des Sterbens zu entscheiden, in der wir der Ehrfurcht vor dem Leben am wenigsten Abbruch tun.

Zum Schluß noch eine letzte Bemerkung. Es sind verschiedene Ansichten darüber möglich, was wohl und was nicht zur „maximalen Therapie" oder zur „besonderen ärztlichen Behandlung" gehört. Allgemeine Regeln im Sinne von Faustregeln für konkrete Fälle lassen sich aber darüber nicht geben. Die Beurteilung kann nur in jedem Fall einzeln in einer klugen Abschätzung getroffen werden. Dasselbe gilt auch für Aspekte wie: die Art der Krankheit, das Alter des Patienten, die Umstände. Es wäre sogar völlig falsch, etwa als allgemeine Regel aufzustellen: Menschen eines bestimmten Alters, die von einem bestimmten Leiden befallen werden (zum Beispiel von einem Herzinfarkt), werden nicht mehr behandelt. Es kann nämlich durchaus sinnvoll und erwünscht sein, alles Mögliche zu tun, einem Patienten von achtzig Jahren darüber hinwegzuhelfen, während es bei einem Patienten von fünfzig Jahren unerwünscht sein kann. Man muß immer wieder alle Aspekte in Betracht ziehen, um entscheiden zu können, auf welche Art bei jedem einzelnen Patienten Lebenshilfe oder Sterbenshilfe konkrete Gestalt finden muß. Dies ist um so wichtiger, weil in den meisten Fällen, in denen sich passive Euthanasie als Form der Sterbenshilfe anbietet, der Patient selbst nicht (mehr) fähig ist, mit zu entscheiden. Es wäre sehr wünschenswert, wenn wir vor allem für diese Entscheidungen doch irgendeinen Halt an der Frage hätten: Wann ist eine Lebensverlängerung (wenn auch nur für kurze Zeit) eine Verlängerung sinnvollen und akzeptablen menschlichen Lebens? Ist es möglich, Kriterien zu nennen, aufgrund deren man ein Leben als sinnvoll bezeichnen kann?

8.22 *Kriterien für sinnvolles menschliches Leben?*

Es ist nicht einfach, allgemein gültige Kriterien zu finden, die in der Praxis zu gebrauchen sind. Es scheint mir aber möglich zu sein, eine Anzahl von Faktoren zu nennen, die jedenfalls so konkret sind, daß sie uns einen gewissen Anhalt bieten und zumindest die Richtung weisen können, in der wir in den einzelnen Fällen die verantwortlichste Entscheidung finden können.

Wenn Van den Berg sich die Frage stellt, was „sinnvolles und akzeptables menschliches Leben" darstellt, macht er es sich meines Erachtens etwas zu leicht, wenn er erklärt: „Es ist Zeitverschwendung, darüber theoretisch zu reden, es muß gehandelt werden." Ich könnte mit ihm einer Meinung sein, wenn er damit das meinte, was ich persönlich in einer Gesprächsgruppe erlebt habe, die die Probleme um Sterbenshilfe und Euthanasie behandelte. Einer der Gesprächspartner hatte eine sehr eindeutige Meinung über die ganze Problematik. Er war ein feuriger Vertreter des Rechts auf Selbstmord und aktive Euthanasie, angewandt auf Patienten ohne ihr Wollen und Wissen, während passive Euthanasie dagegen eine sehr schlechte Form der Sterbenshilfe sei. Er stützte seine Behauptungen auf gewichtige Theorien. Auf die Frage eines der anderen Gesprächsteilnehmer, ob er selbst jemals einem Sterbenden Sterbenshilfe oder Sterbensbeistand geleistet habe, kam eine negative Antwort. Auf die Frage, ob er zumindest jemals einen Menschen habe sterben sehen, antwortete er, daß er das nie gesehen habe. Zum Vergleich konnte er aber hinzufügen, daß er als kleiner Junge fünf Minuten am Bett seines sterbenden Großvaters gestanden habe. Wenn Van den Berg diese Art von Theoretisieren als nicht der Sache dienlich verurteilen will, dann bin ich mit ihm durchaus einer Meinung. Ich kann mir nicht gut vorstellen, daß er das gleiche hinsichtlich eines gemeinsamen Denkens und Suchens nach Kriterien für sinnvolles und akzeptables menschliches Leben sagen will, wie ich es oben meinte. „Sinnvolles und akzeptables menschliches Leben“ als Norm verwenden, ohne ungefähr zu umschreiben, was man damit meint, ist eine lebensgefährliche Sache im buchstäblichen Sinne des Wortes. Der Vollständigkeit halber will ich hier einige Kriterien nennen, wie ich sie an anderer Stelle (Darf die Medizin, was sie kann? 6, 1971) schon beschrieben habe.

Ein erstes und sehr deutliches Kriterium liegt in den faktisch vorhandenen Möglichkeiten des Patienten, in dem ihm verbleibenden Leben einen Sinn zu sehen, selbst wenn dieses „nur“ das Leben seines Sterbens ist. Denn es gibt Menschen, die für jeden Tag dankbar sind, der ihnen noch vergönnt ist, etwa auch, weil sie noch so viele Dinge, die ihnen nützlich und sinnvoll erscheinen, tun oder zu Ende führen wollen. Ein zweites Kriterium knüpft daran an: Eine Lebensverlängerung kann sinnvoll sein, weil der betreffende Mensch noch eine bestimmte Aufgabe (sowohl individuell als auch gesellschaftlich) zu erfüllen hat. Ferner: Ein Leben kann Sinn haben allein aufgrund der Tatsache, daß der Patient lebt. Das ist etwa der Fall, wenn Kommunikation, das heißt irgendein Kontakt auf menschlicher Ebene, möglich ist, wenn dieser auch nur in einem menschlichen Reagieren auf die Pflege besteht. Schließlich, wenn wir die soziale Dimension des menschlichen Daseins wirklich ernst nehmen, müssen wir in der Perspektive einer christlichen Lebensauffassung meines Erachtens sogar noch einen Schritt weitergehen und sagen: Das Leben eines Menschen kann sinnvoll sein aufgrund der Tatsache, daß zur Realisierung einer selbstlosen Liebe ein Appell an den Mitmenschen gerichtet wird. Ich denke dabei zum Beispiel an Patienten im letzten Stadium bestimmter Krankheiten wie Krebs und auch an Schwachsinnige. Auch wenn ein solches Leben, vom rein individuellen Standpunkt aus gesehen, wenig Perspektive mehr bietet, kann es in seiner sozialen Dimension durchaus Sinn haben und deshalb vom Patienten (und somit auch von der Umgebung) verlangen, daß er dieses Leben bis zum Ende lebt. Ich sagte mit Absicht „kann sinnvoll sein“, weil die Situation auch erfordern kann, weitere Versuche zur Lebenserhaltung einzustellen. Man wird sich immer wieder fragen müssen, womit den Belangen des Patienten in seinem sozialen Kontext am besten gedient ist. Wobei schließlich noch bemerkt werden darf, daß Sterbenshilfe für den Patienten impliziert, daß die Angehörigen darin einbezogen werden.

Ich bin mir sehr wohl bewußt, daß wir mit diesen vier Kriterien in der Hand noch nicht ganz genau von vornherein wissen, was wir in den einzelnen Situationen tun müssen. Doch glaube ich, daß sie für die Praxis nützlich sind, weil sie eine Beschreibung der Haltung bilden, aus der heraus wir die Probleme angehen müssen. Im übrigen werden wir auf diesem Weg auch gezwungen, die Fälle nicht nach den allgemeingültigen Regeln zu behandeln, sondern immer wieder von neuem nach der besten Art zu suchen, um die Sterbenshilfe gegenüber den einzelnen Kranken zu verwirklichen. Nur dann kann passive Euthanasie eine ethisch verantwortliche Form der Sterbenshilfe sein.

8.3 *Aktive Euthanasie*

Es wäre Vogel-Strauß-Politik, wenn ich jetzt der Frage nach aktiver Euthanasie im Rahmen der Sterbenshilfe aus dem Weg ginge. Die Frage an sich ist schon schwierig und wird noch schwieriger, weil dabei verschiedene negative Nebenbedeutungen des Begriffs Euthanasie mitspielen (Praxis aus der Vergangenheit, Geschichten aus Science-fiction-Romanen usw.). Wir müssen nur versuchen, uns von diesen Nebenbedeutungen frei zu machen und über die eigentliche Frage nachzudenken.

Wir haben oben schon gesehen, daß ein Patient in bestimmten Fällen ethisch begründet sein Sterben durch aktives Eingreifen drastisch verkürzen kann. Jetzt wird die Frage gestellt: Darf ein anderer (Arzt, Krankenpfleger oder ein anderer, der dem Patienten nahesteht) dabei mitwirken oder dies für ihn tun? Anders gesagt: Kann sogar die Anwendung aktiver Euthanasie als eine ethisch vertretbare Form der Sterbenshilfe angesehen werden?

Nach meiner Überzeugung können wir die Frage nicht richtig beantworten, wenn wir nicht unterscheiden zwischen zwei Situationen, die wesentlich voneinander verschieden sind: die Anwendung von aktiver Euthanasie oder die Mitwirkung dabei auf Bitten des Patienten und die ohne Wissen und Willen des Patienten. Diese Fragen werden jetzt gesondert zur Debatte gestellt.

8.31 *Auf Bitten des Patienten*

In den Fällen, in denen der Sterbensprozeß zwar im Gang ist, aber ein ungeheuer großes Leiden das restliche Dasein des Patienten völlig zu überschatten droht, scheint mir eine drastische Verkürzung dieses Sterbensprozesses durch den Patienten selbst ethisch vertretbar. Wenn man das einmal bejaht hat, scheint es mir, daß ein anderer auf ethisch vertretbare Weise dabei mitwirken kann. Ich beeile mich deshalb hinzuzufügen, daß Sicherheit bestehen muß über die Frage, ob dies tatsächlich eine wohlüberlegte und richtige Entscheidung des betreffenden Patienten ist. Ich will damit sagen: Wenn ein Kranker in einem heftigen Schmerzanfall darum bittet, seinem Leben ein Ende zu setzen, dann bedeutet das noch nicht notwendig eine ernste Bitte um Euthanasie. In sehr vielen Fällen wird dies nur die Bedeutung einer Bitte haben, alles Mögliche und Unmögliche zur Linderung der Schmerzen zu tun. In Anbetracht des Ernstes der Angelegenheit, um die es hier geht, muß alles getan werden, um das Risiko des Irrtums so gering wie möglich zu machen (Van Osch 1968). Das gilt um so mehr, weil es neben den individuellen Belangen des Patienten auch um soziale Belange geht. Dabei denke ich in erster Linie an die positive Bedeutung, die das Leben des Patienten für die Angehörigen haben kann. Ferner an die Konsequenzen derartiger Entscheidungen für die Gesellschaft im Hinblick auf das sozialethische Normenbewußtsein. Schließlich an die juristischen Folgen: Nach unserem Recht ist der Patient, der Euthanasie auf sich selbst anwendet (und auch der, der Selbstmord begeht) nicht, dagegen der, der ihm dabei hilft, strafbar. Es fragt sich nur, inwieweit die veränderte ärztliche Praxis und das sich entwickelnde Normenbewußtsein stärkeren Einfluß auf eine Änderung des Strafgesetzes ausüben können.

Wie dem auch sei, ethisch bleibt vor allem bedeutsam, daß die innere Haltung der Ehrfurcht vor dem Leben und die Pflicht zur Lebens- oder Sterbenshilfe keine Halbheit zuläßt. Worum es hier geht, ist, die Konkretisierung der grundlegenden Pflicht zur Sterbenshilfe zu finden, mit der diesem ganz bestimmten Patienten in seiner besonderen Situation in der richtigsten Weise gedient ist. Was das ganz konkret bedeutet, wird nur in gemeinsamem Suchen entdeckt werden können. Nur aus einem starken und persönlichen Verhältnis zwischen Patient und dem, den er um Hilfe bittet, heraus ist es möglich, klar zu empfinden, was das Recht, seinen eigenen Tod sterben zu dürfen, erfordert oder zuläßt.

Doch bleiben für mich noch eine Menge Fragen. Ich will diese hier nicht alle wiederum aufzählen. Ohne damit das oben beschriebene Prinzip abschwächen zu wollen, will ich nur die wichtigste Frage nennen: Hat diese Form der Sterbenshilfe – Mitwirkung an aktiver Euthanasie auf Bitten des Patienten oder deren Anwendung – nicht den Charakter einer Kapitulation vor dem Wegfall des eigentlichen Auftrags, nämlich des Sterbensbeistandes? Es wird manchmal behauptet: Wenn der Patient um Euthanasie bittet, dann bedeutet das, daß er unverantwortlich schlecht gepflegt wurde. Darin steckt viel Wahres; es kann in der Tat vorkommen, daß eine ungenügende ärztliche und pflegerische, aber vor allem mangelhafte menschliche Pflege Anlaß zu dieser Bitte gibt. Das braucht aber nach meiner festen Überzeugung nicht notwendig so zu sein. Es können sich Situationen ergeben, in denen der Sterbensbeistand zu einem bestimmten Augenblick nicht mehr helfen kann. Gerade deshalb frage ich mich, ob Mitwirkung bei aktiver Euthanasie dann nicht faktisch bedeutet, daß wir unsere Versuche aufgeben. Dann würde jede Entscheidung für aktive Euthanasie den Charakter von etwas gewinnen, was eigentlich nicht hätte geschehen dürfen, den Charakter, einfach nicht mehr zu können, den Charakter der Ohnmacht. Das schließt nicht ein, daß aktive Euthanasie deshalb per se ethisch unverantwortlich würde, wohl aber, daß wir – wenn das einigermaßen möglich ist – einen anderen Weg zu gehen haben, nämlich den Weg eines intensiven Sterbensbeistandes.

8.32 *Ohne Wissen und Wollen des Patienten*

Es bleibt noch das Problem der aktiven Euthanasie, angewandt auf einen anderen Menschen, aber ohne daß dieser darum gebeten hat. Diese Anwendungsmöglichkeit der Euthanasie unterscheidet sich meines Erachtens grundsätzlich von der soeben besprochenen Form.
Das organisierte und systematische Anwenden aktiver Euthanasie auf unheilbare Kranke, Altersschwachsinnige, Schwachsinnige oder auch Personen, die sonst der Gesellschaft „zur Last" fallen, ist ethisch völlig inakzeptabel. Solche Praktiken haben in der Vergangenheit die moralische Entrüstung der ganzen Welt wachgerufen, und mit Recht, weil diese Art des Handelns die Grundlagen der Gesellschaft zerstört.
Aber – so könnte man folgern –, das ist eine ganz andere Sache. Wir wollen jetzt nur über die Entscheidung zu aktiver Euthanasie ohne Wissen und Wollen des Patienten jeweils in einem besonderen Fall sprechen. Ich stimme dem in der Tat zu, daß diese individuelle Entscheidung ethisch weniger tadelnswert ist als eine allgemeine Grundregel. Es scheint mir jedoch, daß sich auch gegenüber einem jeweils einzelnen Patienten diese Entscheidung ethisch nicht verteidigen läßt. Warum nicht?

In erster Linie: Die Entscheidung zu aktiver Euthanasie ist eine so *persönliche Entscheidung*, daß meines Erachtens niemand sie im Namen des Patienten, auch ohne dessen Wissen und Wollen, treffen kann. Die Anwendung von aktiver Euthanasie auf einen anderen ohne dessen Mitwissen scheint mir zwangsläufig ein Verstoß gegen die Persönlichkeitsrechte des Menschen zu sein, selbst wenn dieser nicht (mehr) fähig ist, seinen Willen selbst zu erkennen zu geben. Wie gut vielleicht auch gemeint, man entscheidet für den anderen, welcher Tod „sein eigener Tod" sein muß. Schärfer noch als bei aktiver Euthanasie bei Altersschwachsinnigen tritt das Unverantwortliche dieses Handelns hervor bei einer solchen Entscheidung über das Leben eines behinderten Kindes (z. B. Contergan-Kindes). Die Ansicht, den Interessen des Kindes sei am besten damit gedient, daß man es tötet, weil es nach unserer Ansicht doch nie glücklich sein kann, ist eine zu unsichere Basis für aktive Euthanasie. Es ist eher eine Äußerung unseres Unvermögens, selbst mit einem Handikap leben zu können, und des Unvermögens, eine menschliche Beziehung zu einem solchen Kind zu entwickeln.

Zweitens: Anwendung aktiver Euthanasie ohne Wissen des Patienten scheint mir im Widerspruch zu der sozialen Dimension des menschlichen Daseins zu stehen. Ich will damit sagen: Die Bejahung dieser aktiven Euthanasie zerstört meines Erachtens das *Arzt-Patient-Verhältnis* als Vertrauensverhältnis vollständig. In der Praxis würde das nämlich bedeuten, daß Patienten und zukünftige Patienten der Gefahr ausgesetzt sind, statt eines Schlafmittels eine tödliche Injektion zu erhalten, wenn der Arzt – eventuell nach Beratung mit anderen – der Ansicht wäre, daß dies das Beste für uns sei.

Drittens: Ein Antasten des Vertrauensverhältnisses zwischen Arzt und Patient würde zugleich und zwangsläufig *die Grundlagen der Gesellschaft* untergraben. Denn wir wären voreinander nicht mehr sicher, wenn wir dem Urteil anderer über den Sinn oder Nicht-Sinn unseres eigenen Lebens ausgeliefert wären.

Dabei möchte ich ausdrücklich erklären: Der Grund, warum ich aktive Euthanasie ohne Wissen des betreffenden Menschen glaube ablehnen zu müssen, liegt nicht in der Meinung, daß passive und aktive Euthanasie grundsätzlich voneinander verschieden wären. Der eigentliche Grund liegt in der Überzeugung, daß das Selbstentscheidungsrecht des Menschen in der allerwichtigsten Entscheidung, die ein Mensch treffen kann, ihm weder gewollt noch faktisch genommen werden darf.

Zum Schluß noch eine letzte Bemerkung. Heftige Gegner jedes abortus provocatus haben mir im vergangenen Jahr öfter den Vorwurf gemacht: Wenn du aktive Euthanasie ohne Wissen des Patienten grundsätzlich ablehnst, dann mußt du auch jeden abortus provocatus ablehnen, denn das ist genau das gleiche. Es liegt tatsächlich ein Punkt der Übereinstimmung vor, und zwar insofern, als in beiden Fällen menschliches Leben abgebrochen wird. Der Vorwurf bestünde daher zu Recht, wenn jemand Gegner einer aktiven Euthanasie ohne Wissen des Patienten, aber zugleich Vertreter jeder Form von abortus provocatus wäre. Diese Überzeugung teile ich nicht. Abortus provocatus finde ich ethisch nur in jenen Fällen vertretbar, in denen man notgedrungen zwischen dem Wert des in Entwicklung befindlichen menschlichen Lebens und den höheren oder zumindest gleichwertigen Belangen des schon bestehenden menschlichen Lebens wählen muß. Mit anderen Worten, ich halte abortus provocatus ethisch nur dann für vertretbar, wenn uns die Situation zwingt, zwischen zwei Leben zu wählen. Das ist bei aktiver Euthanasie ohne Mitwissen des Patienten nicht der Fall: Dort wird für aktive Euthanasie entschieden, weil der Sterbensprozeß nach unserer Ansicht zu langsam verläuft. Und damit sind wir zu der letzten Frage gekommen, die ich in diesem Zusammenhang besprechen will.

8.33 *Geduld*

Aus der Erfahrung mit Sterbenden habe ich immer mehr die Überzeugung gewonnen, daß die Geduld eine der Haupteigenschaften ist, die wir bei Lebenshilfe und bei Sterbenshilfe brauchen. Aus denselben Erfahrungen lernte ich besser erkennen, daß Mangel an Geduld die größte Bedrohung aller Formen der Sterbenshilfe darstellt. Bei dieser Sterbenshilfe in der Form von Sterbensbeistand haben wir oft eine unvorstellbar große Geduld nötig, denn das Tempo, mit dem ein Sterbender seine Gefühle ertragen kann, ist manchmal sehr gering. Bei den anderen Formen von Sterbenshilfe wird unsere Geduld aber nicht selten noch schwerer auf die Probe gestellt. Das wird verstärkt durch die Tatsache, daß unser eigenes Gefühl der Ohnmacht, noch etwas Sinnvolles tun zu können, uns einen Streich spielen kann. Wenn der körperliche oder geistige Zustand des Patienten keinen echten Sterbensbeistand zuläßt, beschleicht die Umstehenden oft das Gefühl, doch nichts mehr tun zu können als zu warten, bis der Tod sich dieses Mitmenschen erbarmt. Gerade dann geht es um den grundlegenden Auftrag, über den ich bei Lebens- und Sterbenshilfe sprach: Wir müssen die Geduld aufbringen, den anderen seinen eigenen Tod sterben zu lassen. Das entbindet uns nicht von der Pflicht, dies für ihn so erträglich wie möglich zu machen, noch von der Pflicht, von einer unnötigen und sinnlosen Verlängerung dieser Phase abzusehen. Wir müssen aber die Geduld haben, ihn sich selbst sein zu lassen.

Es läßt sich kaum leugnen, daß in bestimmten Fällen das Leben von Menschen sinnlos verlängert wurde und wird. Das ist oft der Tatsache zuzuschreiben, daß man nicht den Mut hat, die Versuche, die ursprünglich notwendig und sinnvoll waren, bei erwiesener Sinnlosigkeit abzubrechen. Manchmal liegen die Gründe dafür, weiter fortzufahren, vielleicht in dem Verlangen, auf experimentellem Wege wissenschaftlich wichtige Erkenntnisse zu sammeln. Wie dem auch sei, aus der Feststellung dieser Tatsachen folgt meines Erachtens nur dies: Das war falsch und darf in Zukunft nicht mehr geschehen. Die letzte Frage ist, was denn wirklich geschehen muß. Die Antwort wurde oben schon gegeben: Wenn eine Verlängerung des Lebens (oder des Sterbensprozesses) sinnlos geworden ist, dann wandelt sich die Pflicht zur Lebenshilfe in die Pflicht zur Sterbenshilfe. Anders gesagt: Wenn wir ohnmächtig sind, sinnvolle Lebenshilfe zu geben, dann müssen wir sinnvolle Sterbenshilfe geben. Aber diese Sterbenshilfe ist nicht identisch mit aktiver Euthanasie, erst recht nicht ohne Wissen des Patienten. Im Gegenteil, Sterbenshilfe kann auf mancherlei Art realisiert werden, wobei auch aktive Euthanasie auf Bitten des Patienten in Betracht gezogen werden kann. Die persönlichste und deshalb am meisten erwünschte Art ist der Sterbensbeistand. Soweit ich das jetzt übersehen kann, liegt gerade darin mein schwerster Einwand gegen die Anwendung von aktiver Euthanasie ohne Wissen und Wollen des Patienten (und dadurch zugleich gegen die Auffassung Van den Bergs): Man versucht mit Recht, die Ohnmacht zur Lebenshilfe auf wirklich menschlicher Ebene zu bekämpfen, aber durch eine zielbewußte und meines Erachtens zu voreilige Entscheidung zu aktiver Euthanasie entscheidet man sich zu Unrecht für eine andere Form der Ohnmacht, nämlich die, Sterbenshilfe zu geben. Nach meiner Überzeugung ist das ethisch unvertretbar, weil man dadurch einen der fundamentalsten Aspekte unserer Grundhaltung gegenüber dem anderen ablehnt: die Geduld, den anderen sich selbst sein zu lassen sowohl zum Leben als auch zum Sterben.

LITERATURVERZEICHNIS

Ackerman, N.: The psychodynamics of family life, New York 1960

Agt, A. A. M. van: Recht op leven en sterven: Katholiek Artsenblad 47 (1968) 369

Ansohn, E.: Die Wahrheit am Krankenbett, München 1965

Autton, N.: The pastoral care of the dying, London 1966

Bender, L.: Wegen en grondslagen van de geestelijke volksgezondheid, Utrecht 1933

Berg, J. H. v. d.: Medische macht en medische ethiek, Nijkerk 1969

Berger, W. J.: Leren bijstaan van stervenden, Nijmegen 1968

– Arts en pastor: twee werelden, twee talen rond één zieke: Katholiek Artsenblad 48 (1969) 278

– Pastoraat aan stervenden en rouwenden, in: G. J. F. Boüritius (Hg), Omtrent de dood, Roermond 1971

Bluyssen, J. W. M.: Het eigene van de katholieke arts: Katholiek Artsenblad 48 (1969) 196

Boelen, L. M.: Inzake „sterven en helpen sterven": Katholieke Gezondheidszorg 38 (1969) 7

Borkenau, F.: The concept of death, in: Fulton u. a., Death and Identity, New York 1965

Bouritius, G. J. F.: Hiernamaalsvoorstellingen buiten het christendom, in: Bouritius (Hg.), Omtrent de dood, Roermond 1971

Bowers, M. K. (Hg.): Counseling the dying, New York 1964 (Deutsche Ausgabe: Wie können wir Sterbenden beistehen?, Mainz 1971)

Buskes, J. J.: Waarheid en leugen aan het ziekbed, Amsterdam 1964

Den Otter, G.: Religie en geneeskunde: Medisch Contact 23 (1968) 846

Downing, A. B., u. a.: Euthanasie. Het recht om te sterven, Utrecht 1969

Faber, H.: De pastor in het moderne ziekenhuis, Assen 1968

– De dood in het menselijk beleven: Tijdschrift voor Theologie 10 (1970) 405

Fortmann, H. M. M: Een nieuwe opdracht, Utrecht 1955

– Opdat zij gezond zijn in het geloof, Utrecht 1964

Heering, H. J.: Wanneer is een mens dood?: Voorlopig 2 (1970) 94

– De grenzen van het menselijk bestaan; medisch-ethische overwegingen: Medisch Contact 26 (1971) 859

Hinton, J.: Dying, London 1967
Hoff, H. v. d.: Opereren of dood laten gaan?: Katholiek Artsenblad 16 (1937) 207
Hofstede, P.: Tot onze diepe droefheid, Baarn 1970
Hommes, O.: Diagnostiek van het sterven: Katholiek Artsenblad 47 (1968) 355
Kübler-Ross, Elisabeth: On death and dying, New York 1969 (Deutsche Ausgabe: Interviews mit Sterbenden, Stuttgart 1971)
Huygen, F. J. A.: Gezin en gezondheid (Antrittsvorlesung), Nijmegen 1968
Leshan, L.: Psychotherapie and the dying patient, in: Current Issues in the treatment of the dying person, London–Cleveland 1969
Lindeboom, G. A.: Medisch-ethische bezinning in Protestantse kring: Metamedica 49 (1970) 411
Meer, C. v. d.: Geneeskundige confrontatie met de dood (Antrittsvorlesung), Leiden 1970
– *und Mochel, H.:* Tenzij een wonder gebeurt. Begeleiding van Stervenden, Kampen 1971
Metz, W.: Wijsgerige herorientatie in de medische ethiek: Algemeen Nederlands Tijdschrift voor Wijsbegeerte en Psychologie 61 (1969) 1
Michels, J.: Het gesprek over de infauste prognose: Organorama 5 (1969) 21
Osch, H. F. van: Over het ogenblik van sterven en over orgaantransplantatie: Katholiek Artsenblad 47 (1968) 290
Pius XII: Rede am 20. 8. 1956 über Wiederbelebung
Rapport van het Nederlands Gesprekscentrum over verlenging van het leven, Kampen 1964
Rapport Euthanasie en de bejaarde mens, Uitgave van de Stichting Landelijk Orgaan v. d. Gereformeerde Gezindte voor de Bejaardenzorg, Utrecht 1968
Eindrapport van de Commissie Orgaantransplantatie van het Nederlandse Roode Kruis, Den Haag 1971
Recent medisch ethisch denken, Leiden 1968/1970, 2 Bde (Beiträge von Jongsma, Stolte, Schreuder und Marlet in Bd. 1 und Beiträge von Plokker und Hillen in Bd. II)
Roscam Abbing, P. J.: Euthanasie: Kerk en theologie 11 (1971) 201
Schillebeeckx, E.: Leven ondanks de dood in heden en toekomst: Tijdschrift voor Theologie 10 (1970) 418
Schoonenberg, P.: En het leven der toekomstige wereldtijd, in: Bouritius, Omtrent de dood, Roermond 1971
Schreuder, J. C.: Leven en laten sterven: Voorlopig 2 (1970) 98
Schuurmans Stekhoven, W.: Het euthanasievraagstuk in medisch-ethisch-juridisch licht, in: A. B. Downing, Euthanasie, Utrecht 1970
Slooff, L. J. J.: Voortgezette pastorale vorming voor ziekenhuis-pastores: Katholiek Artsenblad 48 (1969) 386

Snoeck, A.: Geesteshygiene en katholicisme, Utrecht 1952

Sondernummer Katholiek Artsenblad über Wiederbelebung und Lebensverlängerung 39 (1960) 4 (Beiträge von Marlet, Prick, Stolte und Mertens)

Sporken, C. P.: Medische ethiek en levensverlenging: Katholiek Artsenblad 44 (1965) 375

– Sterven als levensopgave: Katholiek Artsenblad 45 (1966) 277

– Euthanasie: ingrijpen in het stervensproces?: Katholiek Artsenblad 48 (1969) 11

– Medische ethiek als cultuurcritiek: Medisch Contact 25 (1969) 1431

– Stervensbegeleiding: medisch-ethische plicht?: Medisch Contact 25 (1970) 418

– Medisch-ethische vragen in verband met anaesthesie: Medisch Contact 25 (1970) 669

– Bejaardensorg, stervenshulp en euthanasie: Bejaardenwerk 16 (1970) 83

– Ziek-zijn als medisch en menselijk gebeuren: Ons Ziekenhuis 32 (1970) 220

– Vijftig jaar medische ethiek in het Katholiek Artsenblad: Metamedica 49 (1970) 395

– Voorlopige Diagnose. Inleiding tot een medische ethiek, Bilthoven ²1970 (Deutsche Ausgabe: Darf die Medizin, was sie kann? Probleme der medizinischen Ethik, Düsseldorf 1971)

– Pastorale zorg en geestelijkė gezondheidszorg, in: Geloof en gezondheid, Utrecht 1971

– Medische ethiek andermaal in discussie: Metamedica 50 (1971) 232

Strauss, A.: Awareness of Dying, in: Current Issues in the treatment of the dying person, London–Cleveland 1969

Till-d'Aulnis de Bourouill, H. A. H. van: Medisch-juridische aspecten van het einde van het menselijk leven, Deventer 1970

Tordoir, W. F.: Het verplicht dulden van medische behandelingen, Deventer 1969

Toynbee, A., u. a.: Man's concern with death, London 1968

Verhoeven, C.: Het leedwezen, Bilthoven 1971

Wertenbroek, M. J. H. M.: Grenzen van geestelijke gezondheidszorg, in: Geloof en Gezondheid, Utrecht 1971

Weijel, J. A.: De mensen hebben geen leven, Haarlem 1970